Basiswissen

Politik / Geschichte / Ökonomie

Gerd Schumann

Patrice Lumumba

PapyRossa Verlag

Eine Übersicht aller Titel der PapyRossa-Reihe Basiswissen Politik / Geschichte / Ökonomie finden Sie unter shop.papyrossa.de/basiswissen

Luxemburger Str. 202, D-50937 Köln

Tel.: +49 (0) 221 – 44 85 45
Fax: +49 (0) 221 – 44 43 05
E-Mail: mail@papyrossa.de
Internet: www.papyrossa.de

Druck: Interpress

Die Deutsche Bibliothek verzeichnet diese Publikation in der Deutschen Nationalbibliografie; detaillierte bibliografische Daten sind im Internet über http://dnb.d-nb.de abrufbar

ISBN 978-3-89438-829-4

Inhalt

Vorwort

Lumumba – presente!

Das Geschichtsbild eines Landes spiegelt sich immer auch in dessen Kultur. Als Kinder in der norddeutschen Tiefebene sangen wir Anfang der 1960er Jahre den beliebten, als ziemlich verrucht geltenden Schlager »Kriminaltango«, zu dem die Unterwelt nachts in der Taverne zu tanzen pflegte, in einer verballhornten Version. Aus der Musikbox der Kneipe um die Ecke schallte das Original des Hazy Osterwald Quintetts, einer Kapelle aus der Schweiz, wir übertönten unbedarft den Originaltext im Zeitgeistjargon: »Und sie tanzen eine Rumba / Kasavubu und Lumumba / Und die UNO kann nichts finden / Was daran verdächtig wär'.« Ob wir ahnten, was an Ideologie in unseren Worten steckte? Ich glaube nicht.

Auch nicht, warum ein lange Jahre gerne verzehrtes Modegetränk tatsächlich »Lumumba« heißt, ein Cocktail gemixt aus Kakao und Rum mit einer Haube aus Schlagsahne und Schokoraspeln. Im Netz fragen Spirituosen-Spezialisten auch in den 2020er Jahren noch verwundert, wie das sonderbar süße, klebrige, aber wirkungsstarke Gesöff zu diesem Namen gekommen war: »Warum nun ausgerechnet ein Rum-Kakao-Drink nach dem Politiker benannt wurde, liegt bis heute im Dunkeln.« Wie der ganze Kontinent hundert Jahre hindurch im Dunkeln lag, galt Lumumbas Kongo vielen als »Herz der Finsternis«, bewohnt von »Negern« aus »dem Busch«.

Das Afrikabild hierzulande war immer noch durch die Völkerschauen Hagenbecks, die Kolonialausstellung in Berlin-Treptow 1896 nebst weltanschaulicher Folgenutzung in Erziehung und Wissenschaft geprägt: 106 nichteuropäische Menschen werden fünfeinhalb Monate öffentlich vorgeführt, und die Bevölkerung glotzt wie im Zoo. Wieder zu Haus, in den eigenen vier Wänden, tummeln sich in den Köpfen dann »Wilde« und wilde Tiere, und der gütige weiße Mann bringt hoch zu Ross mit Tropenhelm und in weißer Uniform die europäische »Zivilisation« in Strohhüttendörfer.

Meine fröhlichen, unbeschwerten Kindertage, gebildet aus Naivität und Vorurteilen, gingen dann irgendwann zu Ende. Die Völker da unten im Süden wollten nicht mehr so wie ihre weiße Herrschaft es für sie vorgesehen hatte, das Imperium schlug in Vietnam zu, wir folgten den Märchen von der Zivilisierung nicht mehr so richtig und erfuhren die Wahrheit über vergangenes Verdrängtes. Da war der von uns so ahnungslos besungene Patrice Lumumba längst tot, der erste frei gewählte Premier Kongos ermordet, sein Körper zerstückelt und in einem Säurefass aufgelöst, und die verspotteten Kasavubu nebst der UNO waren nicht ganz unbeteiligt gewesen an der Tat, wie wir dann nach und nach bis zur Jahrtausendwende erfuhren. Der verantwortliche belgische Kolonialoffizier hatte sich Goldzähne aus dem Mund des Toten als Souvenir gebrochen und Finger abgeschnitten, die Lumumbas Nachfahren bei einer feierlichen Zeremonie in Belgien erst 2022 »zurückgegeben wurden«, wie 60 Jahre danach verlautete, als sei die Horrortat ein, vielleicht durchaus schändliches, aber doch ein Kavaliersdelikt gewesen.

Auch ein Teil der nach Deutschland verbrachten kolonialen Raubkunst und der einst in Deutsch-Ostafrika oder Deutsch-Südwest abgeschlagenen Köpfe werden heutzutage gnädig den Ururenkeln der Ermordeten zurückgegeben, streng wissenschaftlich begutachtet nach biologisch-ethnischer Art. Hier und da verschwindet sogar ein kolonialer Straßenname oder ein Sklavenhalterdenkmal. Doch der latente Rassismus im globalen Norden bleibt unangetastet und wird weiterhin als Staatsdoktrin gepflegt. Wer die Mittelmeerpassage aus Nordafrika überlebt, kann davon berichten, wenn er im Abschiebeknast hinter Gittern sitzt, um danach wieder auf seinem von den Erben des Kolonialismus ökologisch und ökonomisch dauermisshandelten Kontinent den alltäglichen Kampf um die Existenz zu überstehen. Black lives matter?

Ein immer noch geschichtsvergessener, gedankenloser Zeitgeist aus Oberflächlichkeit und Ignoranz hat die alten Klischees ersetzt, über historische Schuld oder gar heutige Fluchtursachen wird selten geredet. Und die Ausplünderung hält unverändert an, nur dass die Gier nach begehrten Bodenschätzen nicht mehr »Kolonialismus« genannt wird und die Folgen der alten und neuen Kolonialpolitik vollständig ignoriert werden. Die Sklaven von heute sind in der neuen Zeit überflüssig und dürfen ertrinken.

Der an Ressourcen reiche Kongo steht auf dem Weltarmutsindex im letzten Zwanzigstel, 70 Prozent der Bevölkerung verfügen heute über weniger als 2,15 Dollar täglich, verelenden wie einst ihre Vorfahren im »Freistaat Kongo« des belgischen Königs Léopold II., dessen Taten in den Geschichtsbüchern des Nordens so wenig eine Rolle spielen wie die deutschen Völkermorde auf dem schwarzen Kontinent.

Als 1960 Premier Lumumba antrat, befanden sich nicht nur der Kongo (ab 30. Juni 1960: Demokratische Republik Kongo; 1971-1997: Republik Zaire), sondern weite Teile Afrikas im Aufbruch zu einem alternativen Leben, standen an der Schwelle zu einer Art tatsächlicher »Stunde null« nach dem Kolonialismus, und die entscheidende Frage lautete, wie diese gestaltet werden würde. Das koloniale System glich einer »veralteten Maschine«, so Jean-Paul Sartre, »die so starr ist, dass sie zermalmen oder zerbrechen muss«. Es gehörte abgeschafft. Auf Lumumba bezogen konkretisierte der französische Philosoph seine Beschreibung der historischen Situation: »Wäre er länger an der Macht geblieben, so hätten ihn die Menschen und die Umstände vor die Entscheidung gestellt: Neokolonialismus oder afrikanischer Sozialismus.« Für Sartre stand fest: »Kein Zweifel, wofür er sich entschieden hätte.«[1]

1960 gilt bis heute als »Afrikanisches Jahr«. 17 Kolonien seien zwischen dem 1. Januar (Kamerun) und dem 28. November (Mauretanien) »unabhängig« geworden, heißt es, darunter das in jeder Beziehung gewichtige Land am Kongo-Strom, die ehemaligen französischen Besitzungen südlich der Sahara und mit Nigeria auch die bevölkerungsreichste britische Kolonie. Angetreten, es nach 80 Jahren Ausplünderung durch Belgien in ein neues Zeitalter einer tatsächlichen Unabhängigkeit zu führen, also einer, die dem Anspruch des Begriffs auch genügt, scheint Patrice Lumumba heute weitgehend vergessen zu sein. Eine der großen Persönlichkeiten der Weltgeschichte – wie verdrängt aus dem Geschichtsgedächtnis im Norden.

Literatur zum Thema ist wenig erschienen, deutschsprachig erst recht nicht – außer in der DDR beispielsweise mit Kurt Rückmanns »Schlagzeile Mord« oder Heinrich Loths »Propheten – Partisanen – Präsidenten«. Aber das war früher. Wie auch die herausragende Analyse »Das politische Denken Patrice Lumumbas« von Jean-Paul Sartre, die immer noch Maßstäbe für eine Einordnung und Bewertung des Freiheitskämpfers auf nationaler Ebene und im internationalen Kräftespiel Maßstäbe setzt und sich zudem kritisch auch mit Lumumbas Politik der Gewaltlosigkeit beschäftigt. Für Sartre repräsentieren der Kongolese und Frantz Fanon »das ganze Afrika«.

Erhellend in jeder Beziehung auch die beiden Filmprojekte des Haitianers Raoul Peck (»Lumumba – Tod eines Propheten«, Dokumentarfilm von 1991, »Lumumba«, Spielfilm von 2000) sowie Éric Vuillards historischer Essay »Kongo« zur Berliner Konferenz. Aufschlussreich zudem David van Reybroucks Augenzeugenrecherche »Kongo« und die Reportagen von Peter

Scholl-Latour, der Lumumba mehrfach interviewte. Schließlich ist da noch alles, was aus Lumumbas Feder selbst stammt – neben Reden und Briefen sein Werk »Congo. My Country« von 1956, in dem eine erste kritische Bestandsaufnahme der kolonialen Strukturen geleistet wird.

Als Grund für den unterbelichteten Umgang mit Lumumba wird häufig genannt, er habe ja nur einige Monate lang regiert und nicht prägend gewirkt. Konsequent ausgeblendet bleibt bei dieser arg kurz greifenden Argumentation Lumumbas zentrales Anliegen: Wie wohl kein anderer verkörpert seine Person die Übergangsphase aus der alten Kolonialzeit heraus in eine neue Epoche einer angestrebten Selbstbestimmung der Völker. Dass der imperialistische Norden zu deren Verhinderung seine ganze Repressionsklaviatur spielte und dabei nicht vor offenem Separatismus, Mord und Totschlag zurückschreckte, liegt in seinem Wesen. Die in diesem Buch skizzierte Biografie Lumumbas verdeutlicht das. Dass sie Rückschlüsse für heute herausfordert, macht sie wertvoll.

Erzählt wird sie hier als Rekonstruktion eines gescheiterten Epochenwechsels auch deswegen, weil Lumumbas Biografie Teil einer nicht beendeten Geschichte ist. Die Wahrheit über ihn zu verbreiten, stellt sich die hier vorgelegte Biografie auch deswegen als Aufgabe, weil sie davon handelt, wie eine vernünftige Zukunft erreicht werden könnte.

»C'est une histoire vraie« (Dies ist eine wahre Geschichte), heißt es schon im Vorspann des Spielfilms von Raoul Peck, und die derzeit international anhaltende Verwunderung darüber, dass der übergroße Teil des Südens sich misstrauisch und distanziert dem globalen Norden gegenüber zeigt, überrascht nur jene, die nichts davon wissen wollen, wieso der Zustand der Welt so ist, wie er ist. Die verstehende Menschheit indes freut es. Freiheit lässt sich nur gegen Ausplünderung, Ausbeutung und Unterdrückung verwirklichen. Lumumba – presente!

I.
»Belgisch-Kongo«

Lumumbas Herkunftsland – eine Kolonie: Mit der Berliner Konferenz 1885/86 beginnt die Schreckensherrschaft von Leopold II.

Der Einzug des staatlich organisierten Kolonialismus gegen Ende des 19. Jahrhunderts markierte für den Kongo und alle, die dort lebten, eine Zeitenwende. Die Tragödie hatte damit begonnen, dass sich der belgische König Leopold II. das riesige zentralafrikanische Land Stück für Stück aneignete und es zu seinem Privateigentum machte. Bis heute heißt es über dessen Herrschaft, sie sei, historisch betrachtet, das extremste Beispiel für die Grausamkeit, die der Kolonialismus insgesamt hervorgebracht hat. Das stimmt so zwar nicht ganz, da es in dieser Absolutheit sonstige im Namen dieser Herrschaftsform begangene Menschheitsverbrechen relativierte. Doch zeitigte Leopolds Art, den Kongo auszuplündern, besonders schreckliche Formen von in zutiefst rassistischen Denkstrukturen verankerter Skrupellosigkeit.

Schon während dieser ersten, von offenem Terror bestimmten Epoche des Kongo als »Freistaat« (1885-1908) und ebenfalls danach als »Kolonie Belgisch-Kongo« (1908-1960) gab es auch Widerstand dagegen. Rebellionen, Aufstände und Meutereien innerhalb der Streitkräfte beschäftigten die Kolonialmacht. Indes: Sie geriet nie ernsthaft in Gefahr zu stürzen. Zu mächtig ihr Apparat und dessen Rigorosität, die jegliches Aufbegehren schon im Keim zu ersticken vermochte.

In diese Verhältnisse wurde Patrice Lumumba 1925 hineingeboren. Sie hatten das Leben seiner Eltern und von deren Vorfahren bestimmt. Genaueres zu den Wurzeln ist allerdings kaum bekannt. Lumumbas Familienbiografie lässt sich folglich zuallererst in historischem Kontext ausleuchten und gesamtgesellschaftlich verallgemeinert betrachten: Herkunft und Sozialisation der Familie sind mit einiger Sicherheit vergleichbar mit Herkunft und Sozialisation sämtlicher namenlos gebliebener Afrikaner. Deren Geschichte wurde nirgendwo schriftlich festgehalten, obwohl gerade sie es gewesen waren, die die afrikanischen Kulturen erst geschaffen hatten; und eben im Umkehrschluss weniger jene, die regierten – Häuptlinge, Könige, Geschlechter. Von denen ist einiges kolportiert.

Das gilt für die Geschichte ganz Afrikas und weltweit, und Lumumbas Biografie steht, wie über sie später häufig geschrieben wurde, tatsächlich für die Geschichte des gesamten kolonialen Afrika, besonders aber für jene ersten Jahrzehnte, in denen der Kongo auf der Berliner Konferenz zunächst verschachert und dann vom belgischen König zugerichtet wurde. Allein unter dessen Herrschaft von 1885 bis 1908 halbierte sich laut Schätzungen die Einwohnerzahl.

Dabei hätte das Land, aus dem Lumumba stammte, ein Paradies sein können, ausgestattet von der Natur mit einem üppigen, überbordenden Reichtum an allem, was der Mensch zum Leben braucht, und noch viel mehr. Allein der Kongo-Fluss, dessen Wasserkraftpotenzial auf ein Sechstel des weltweiten Gesamtpotenzials geschätzt wird, das gewaltigste hydrografische Becken Afrikas und das zweitgrößte der Erde, bietet mit seinem Geflecht aus Zuflüssen ein Netz von nahezu 11.000 Kilometern ein natürliches Transportsystem, das seinesgleichen sucht. An die Millionen Hektar Tropenwald mit Palmen, Lianen, Baumriesen schließen sich weite Savannen und Grassteppen an, bevölkert von ungezählten Wildtieren vielerlei Art. Die

Vorkommen an Bodenschätzen sind mannigfaltig. Landwirtschaft verspricht üppige Erträge, ebenso die Fischerei.

Doch wurden gerade diese naturgegebenen Schätze, wie profan es auch immer anmuten mag, für das Land am großen Strom nach ihrer kolonialen Erschließung vom Segen, der er bei allen Widersprüchlichkeiten und Aufs und Abs der Geschichte in vorkolonialen Zeiten gewesen sein mag, zum Fluch, zum »Herz der Finsternis«, wie Joseph Conrad das tiefe Innere des Kontinents 1899 nannte. Die Handlung der gleichnamigen Erzählung[2] war zwar fiktiv, basierte aber auf dessen autobiografischen Erlebnissen, angereichert um aus mehreren authentischen Personen geformten Protagonisten.

Als Steuermann war Conrad 1890 während eines sechsmonatigen Kongo-Aufenthalts auf dem Dampfboot »Roi des Belges« 1.600 Kilometer den Kongo hinaufgefahren, bis die gewaltigen Katarakte, die Stanley Falls (heute: Boyomafälle), eine Reihe von sieben wasserreichen Fällen und felsigen Stromschnellen, eine Weiterfahrt verhinderten. An der Siedlung Stanleyville (heute: Kisangani), benannt wie die Wasserfälle nach dem Forscher und Autor Henry Morton Stanley, war Endstation.

Stanley, geboren als John Rowlands 1841 in Wales, in die USA ausgewandert, dann in Afrika unterwegs, hatte sich dort zunächst 1871 im Auftrag des New Yorker Verlegers James Gordon Bennett Jr. auf die Spuren des verschollenen schottischen Arztes und Missionars David Livingstone (1813-1873) begeben. Dass er ihn fand und darüber schrieb, machte ihn berühmt. Später würde er noch die bis dahin unbekannte Route von Ostafrika zum Atlantischen Ozean über den Kongo-Fluss erkunden und die Region erstmals kartografisch erfassen.[3]

1876 stellte er einen Trupp von 356 Trägern, Soldaten und Bediensteten zusammen und zog im Zickzackkurs 12.000 Kilometer durch das Innere des Kontinents, bis er, kurz vor einem erzwungenen Abbruch der Expedition aus Erschöpfung, am 8. August 1877 doch noch die Mündung des Kongo erreichte. Nur 115 Männer hatten die Strapazen überlebt, auch Stanleys drei englische Reisegefährten waren unter den Toten. Auch ungezählte Einheimische starben, getötet bei den Angriffen der Kolonisatoren auf Dutzende Städte und Dörfer. Doch am Ende stand die Gewissheit, dass ein Wasserweg quer durch das Herz Afrikas existierte – eine Erkenntnis, die in Kolonialkreisen Furore machte, weil sich diese gerade intensiver als je zuvor um die Erschließung weiterer Märkte in Afrika bemühten. Besonders genau und begeistert las der König von Belgien, Leopold II., Stanleys Berichte.

Für den Schreiber waren Expeditionen zum »Akt der Besitznahme«[4] geworden. In den betroffenen Gebieten führte er – neben den von Missionaren verbreiteten Geboten – ein elftes ein: »Ehre und achte Könige, denn sie sind die Gesandten Gottes.«[5]

Der König, das ist dann schließlich Leopold II., ein von Ehrgeiz zerfressener Monarch, der für sich und das von ihm repräsentierte Land Belgien Weltrang anstrebte. Auf dem Weg dorthin wurde er in der europäischen Geisteswelt allgemein geschätzt, weil er sich als engagierter Kämpfer gegen den Sklavenhandel und Philanthrop ausgab – eine Fassade, die nicht dauerhaft aufrecht erhalten konnte angesichts des hohen Maßes an Skrupellosigkeit um des persönlichen Erfolgs willen.

Vom rein Äußerlichen her wurde er bekannt durch seinen spatenförmigen, fransigen, langen Vollbart, dunkel zunächst, dann ins Graue und Weiße changierend, ein dünner, ungelenker Mann. Die Uniformen, die er trug, wirkten immer zu groß, der Kopf ebenfalls, die Proportionen, so der Eindruck, schienen nicht zu stimmen. Sein Vater Leopold I., der zum ersten »König der Belgier«, so der offizielle Titel, nach der Unabhängigkeit von den Niederlanden 1830 geworden war, war ein deutscher Fürst aus dem Haus Sachsen-Coburg-Saalfeld und eng verwandt mit der britischen Königsfamilie sowie anderem europäischen Hochadel. 1831 wurde er durch den belgischen Nationalkongress inthronisiert und stand nunmehr einer konstitutionellen Erbmonarchie vor.

Seine zweite Ehefrau Louise d'Orléans, eine Tochter des französischen »Bürgerkönigs« Louis-Philippe I., brachte 1835 in Brüssel Leopold Ludwig Philipp Maria Viktor zur Welt. Er wurde zunächst Herzog von Brabant und Prinz von Belgien und folgte später, nach dem Tod Leopold I., seinem Vater auf den Thron des Königreichs (1865-1908). Unzufrieden mit dem Status und dem mangelnden Renommee seines Landes als flächenmäßig kleinen Landes, das im internationalen Politikgeschäft wenig Einfluss hatte und eher belächelt als beachtet wurde, ausgestattet mit einem hohen Maß an Durchsetzungswillen und Schlitzohrigkeit, machte er sich als strammer Anhänger kolonialer Ideen früh auf die Suche nach Besitztümern in aller Welt.

»Er plante zuerst, jemandem, irgendjemandem, ein Stückchen Planet abzukaufen. Er dachte an eine Provinz in Argentinien; sie stand nicht zum Verkauf. Er hatte dann die Idee, den Niederlanden Borneo abzukaufen. Aber nichts da. Er wollte sich von Spanien die Philippinen ausleihen (…). Sodann machte sich seine Phantasie über China, Vietnam, Japan her«, fasst der Autor Éric Vuillard dessen vergebliche Bemühungen zusammen.[6]

Die geschichtsträchtige Epoche, in der das zum Kaiserreich zusammengeschlossene Deutschland und die USA nunmehr auf der Weltbühne mitredeten, sich der Kapitalismus der freien Konkurrenz zum Imperialismus wandelte, in der die letzten, noch nicht erschlossenen Teile Afrikas südlich der Sahara erforscht wurden und der gesamte Kontinent mit Wucht ins Visier kolonialer Begierden der europäischen Großmächte geriet, hatte begonnen. Auch den nach Aufmerksamkeit und Ansehen suchenden Leopold quälte mehr und mehr der Gedanke, »die herrliche Chance zu verpassen, mir ein Stück dieses grandiosen afrikanischen Kuchens zu sichern«[7].

War er bei seinen vorherigen Bemühungen um Besitznahmen in aller Welt stets gescheitert und als Leichtgewicht verlacht worden, so entwickelte er mit einigem diplomatischen Geschick, List, Tücke und einer Menge Geld seine Afrikapläne: Der König gehörte zu den wohlhabendsten Männern Europas, hatte beträchtliches Privatvermögen von seinen Eltern ererbt und dieses erfolgreich durch Spekulationsgeschäfte mit Anteilen des Suezkanals vermehrt. Es eröffnete ihm Möglichkeiten und Spielräume, um seine Ambitionen umzusetzen.

Als eine der ersten Maßnahmen finanzierte er die internationale Geographische Konferenz, die im September 1876 stattfand. Afrikakundige Koryphäen aus ganz Europa versammelten sich drei Tage lang im königlichen Palast zu Laeken, wurden vom Gastgeber hofiert und bestens auf üppigen Banketten versorgt, so dass sich der Eindruck aufdrängte, die Spezialisten in Sachen Landvermessung würden vom König für ihre Dienste zur Konkretisierung seiner kolonialen Pläne eingekauft. Diese kleidete er weiterhin in ein menschenfreundlich wirkendes, zivilisationsstiftendes Gewand, das auch den versammelten Wissenschaftlern gefallen musste. In seiner Eröffnungsrede sprach er von einem notwendigen »Kreuzzug« zur Missionierung Afrikas und der Etablierung einer »Zivilisation« nach europäischem Gusto. Das kam an.

Forscher und Geographen trugen ihre Erfahrungen vor, auf selbst erarbeiteten Landkarten markierten sie mögliche Standorte für zukünftige Stützpunkte, wobei sie nicht davon ausgingen, dass diese etwa militärisch genutzt werden sollten, wie es Leopold jedoch tatsächlich vorschwebte. Im Ergebnis des Kongresses entstanden handfeste Pläne für eine Kette von anzulegenden »Stationen«. Zudem wurde beschlossen, eine Internationale Afrika-Gesellschaft zur Koordinierung der Überlegungen zu schaffen, die sich als Komitee zur Erforschung des oberen Kongo (frz. Comité d'Études du Haut Congo – CEHC) mit dem Ziel formierte, die Gegenden am Kongo-Fluss bis weit hinein ins Innere Afrikas in Besitz zu nehmen.

Etwa zwei Jahre danach entstand daraus die Association Internationale du Congo, und Leopold II. beauftragte den inzwischen berühmten Bestsellerautor Stanley, die hierfür notwendigen Vorbereitungen durchzuführen. Dessen geheimgehaltene Aufgabe bestand darin, so viel Land wie irgend möglich »zu erwerben« und Elfenbein mitzubringen. In seinem Notizbuch notierte der König dazu: »Man kann davon ausgehen, dass es im Kongobecken etwa 200.000 Elefanten in etwa 15.000 Herden gibt, von denen jeder, sagen wir, im Durchschnitt 50 Pfund Elfenbein an seinem Kopf trägt, was, wenn es eingesammelt und in Europa verkauft würde, 5.000.000 Pfund entspräche.«[8]

Der Ende 1878 einige Monate nach ihrer ersten Begegnung in Brüssel zwischen dem König und seinem Angestellten geschlossene Fünfjahresvertrag garantierte Stanley jeweils jährlich die erkleckliche Summe von 25.000 Francs Lohn für dessen Arbeit in Europa und 50.000 Francs während der Erkundungen in Afrika – es war des Königs wichtigste Investition im Vorfeld der Berliner Konferenz von 1884/85, bei der im Übrigen auch Stanley für Leopolds Interessen auftreten würde.

Doch zunächst brach der Abenteurer erneut an den Kongo auf und schloss dort in den folgenden Jahren hunderte – von etwa 450 ist die Rede – sogenannte Vereinbarungen mit Häuptlingen in der gesamten Region, allesamt unerfahren, des Lesens unkundig und schon deswegen leicht zu manipulieren. Keinem einzigen Häuptling wurde der eigentliche Sinn der Verträge erläutert. Sie unterlagen skrupellosem Betrug, als sie »freiwillig« der königlichen Kongo-Association auf Urkunden verfasst in einer ihnen unbekannten Sprache ihr Land für ein Trinkgeld, für kleine jährliche Rentenzahlungen in Stoffen, Kleidung, Branntwein und Glasperlen, überschrieben und nicht ahnten, dass sie neben dem Boden auch die Arbeitskraft der Bewohner verkauften.

Nachdem einige von ihnen 1884 den Schwindel durchschauten, dem sie aufgesessen waren, erklärten sie »solche Verträge als null und nichtig und den Gesetzen des Landes zuwider«[9]. Vergeblich. Leopold II. hatte die Voraussetzungen für eine internationale Anerkennung seiner Ein-Mann-Kolonie längst geschaffen und würde sie mit der Berliner Konferenz fixieren. Letztlich jedoch beruhte der dortige Beschluss auf einem Bündel von sonderbaren, widerrechtlichen Kontrakten, die dem König ein Gebiet von über zwei Millionen Quadratkilometer Fläche bescherten.

Daraus wurde bis heute mit rund 2,34 Millionen Quadratkilometern der – nach Algerien – zweitgrößte Staat Afrikas, 76-mal so groß wie das »Mutterland« Belgien, ein gigantischer königlicher Privatbesitz, und Stanley arbeitete auf Hochtouren und unter Einsatz massiver Gewalt und Unterdrückung an einer Infrastruktur, die die Ausbeutung des Territoriums und seiner Bewohner befördern und die belgische Herrschaft sichern konnte.

Zentrale Aufgabe waren die Schiffbarmachung des Kongo, der zukünftige Bau einer Eisenbahntrasse zum Atlantik und ein Verwaltungsnetz. Unter belgischer Leitung wird 1887 neben der Kongolesischen Gesellschaft für Handel und Industrie (CCCI) auch die Kongolesische Eisenbahngesellschaft (CCFC) gegründet. Tausende Zwangsarbeiter kamen bei den Baumaßnahmen um. Insgesamt wird von fast 20.000 Toten ausgegangen.[10]

Zur Absicherung der Herrschaft wurde ab 1885 zudem eine schlagkräftige Polizeitruppe im Stil einer privaten Söldnerarmee installiert. Dekretiert 1888 als »Force Publique du Congo« wurden die Sicherheitskräfte streng hierarchisch organisiert und militärisch geführt. Auf den unteren Rängen schlecht bezahlte, ausschließlich schwarze Dienstleistende, überwiegend belgisches Führungspersonal auf der Offiziersebene – auch einige angeworbene Söldner, häufig abgebrühte Abenteurer und Gescheiterte ähnlich den französischen Fremdenlegionären, allesamt weiß, gehörten dazu.

Ansonsten bestand die bald stärkste Armee Afrikas, zu der sie sich mit bis zu 25.000 Mann formierte, aus zwangsverpflichteten oder angeworbenen Einheimischen. Zudem wurden mehrere tausend Sklaven freigekauft, die sich im Gegenzug zu sieben Jahren bei der Force Publique verpflichten mussten. Hauptaufgaben der Kolonialpolizei waren die Bekämpfung von Aufständen und Guerillaaktionen, die Eintreibung von Steuern sowie die alltägliche Gendarmeriearbeit.

Ab 1887, engagiert auf Vermittlung von Stanley, stand der arabische Sklavenhändler Tippu Tip, so der Spitzname von Hamed bin Juma bin Rajab bin Mohammed bin Said el-Murjebi (1837-1905), im Dienst des Königs. Tippu Tip – der Name war abgeleitet vom »Tip Tip«, einem angeblich beim Laden seiner Muskete entstehenden Geräusch – war der seinerzeit einflussreichste Großkaufmann, der hauptsächlich mit Menschen handelte. Aus Sansibar stammend reichte sein weitläufiges Handelsnetz von der Ostküste durch das Landesinnere bis ins westliche Afrika.

Gegen ein monatliches Gehalt von 30 Pfund Sterling setzte ihn Leopold als »Gouverneur der Stanley-Fälle« ein. Der König meinte, es sei eine »glänzende Idee« seines früheren Beraters Stanley, die »arabischen Händler in Polizisten zu verwandeln« und erstand zu günstigen Preisen bei Tippu Tip tausende Menschen, eine für den Ausbau der Strukturen dringend benötigte »Ware«[11].

Stanley gründete in den ersten Jahren am Kongo Siedlungen und Militärstationen in Banana, Boma, Matadi, Bukungu, Bangola, Léopoldville, Stanleyfalls, Luebo und Luluabourg und begann mit dem opferreichen Bau einer 200 Kilometer langen Piste von der Mündung des Kongo entlang der Livingstonefälle bis Stanley Pool (heute Pool Malebo). Ab dort war der Kongo befahrbar.

Von 1876 bis 1885 investierte Leopold etliche Millionen Belgische Francs. Zugleich knüpfte er weiter an einem diplomatischen Netz, um seine Kolonialpolitik salonfähig zu machen. Durch intensive Lobbyarbeit, Korruption und Manipulation von Präsident Chester A. Arthur gelang es ihm 1884, dass die USA seine vermeintlichen Ansprüche auf den Kongo anerkannten. In einer offiziellen Erklärung bekundete die US-Regierung, »dass sie die wohltätigen Absichten der Internationalen Gesellschaft des Kongo, die erklärtermaßen die Interessen der dort gegründeten Freistaaten vertritt, mit Anteilnahme und Beifall zur Kenntnis nimmt«[12].

Der Schlussspurt des europäischen Wettrennens um Afrika hatte begonnen. Der Franzose Pierre Graf Savorgnan de Brazza kaufte – ähnlich wie Stanley im Norden – jede Menge Land am südlichen Ufer des Kongo und hisste die Trikolore. 1883 wurde Brazzaville gegründet, das gegenüberliegende Pendant zum Ende 1881 von Stanley auf »Léopoldville« (ab 1966 Kinshasa) getauften Handelsposten, der – nach Vivi (bis 1886) und Boma (bis 1908) – zukünftig dritten Hauptstadt des Kongo. Derweil erneuerte Portugal, unterstützt von Großbritannien, alte Ansprüche auf das Land an der Kongomündung.

Mittlerweile drängte sich das Deutsche Kaiserreich als neuer Global Player schnell in den Vordergrund. Hatte das nach Gründung 1871 sich als Einheitsstaat formierende Deutschland bisher zurückgehalten, wuchsen nun die Kolonialambitionen: Das industriell boomende Berlin griff in Afrika und im pazifischen Raum nach Gebieten, die bis dahin vor allem von Kaufleuten, Handelsgesellschaften und sich »Entdecker« nennenden Männern in verschiedenen Ecken der Welt erworben worden waren. Nunmehr wurden diese unter einem politischen Dach koordiniert. Im April 1884 stellte Berlin das vom Bremer Kaufmann Adolf Lüderitz als »Deutsch-Südwestafrika« (heute: Namibia) in Besitz genommene Land unter den »Schutz« des Reiches, im Juli 1884 kamen Togo und Kamerun hinzu, im Februar 1885 schließlich Ostafrika (heute: Tansania, Burundi und Ruanda).

Etwa zur selben Zeit wurden außerhalb Afrikas das nordöstliche Neuguinea sowie die vorgelagerten Inseln vom Kaiserreich vereinnahmt, später die Karolinen, Marianen und Palau-Inseln; 1898 das chinesische Kiautschou, ab 1899 der westliche Teil Samoas; 1911 nach dem »Panthersprung nach Agadir« wurde der deutsche Besitz in Kamerun erweitert. Das Kaiserreich hatte sich in seiner imperialistischen Phase zu einem Kolonialreich aufgestellt, doch schon mit dem Ersten Weltkrieg und der deutschen Niederlage auch in Afrika würde dessen Kolonialgeschichte enden.[13]

Davon konnte 1884 allerdings, als der Kongo schließlich zum Schlüsselthema der Berliner Konferenz wurde, keine Rede sein. Allerdings war die Ausgangssituation, die sich bis 1914 vor allem innerhalb Europas dramatisch zuspitzen würde, bereits deutlich erkennbar von einer wachsenden Konkurrenz der Mitbewerber um Kolonialbesitz in Afrika geprägt.

Paris befürchtete, dass der Kongo zu einer britischen Kolonie werden könnte, falls Brüssel die Investitionen für die infrastrukturelle Entwicklung des Landes nicht aufbringen könnte – ein naheliegender Gedanke angesichts begrenzter ökonomischer Potenzen der Belgier. Deren Verdrängung zugunsten Londons wäre jedenfalls vorentscheidend für die zukünftige Kräftekonstellation in Westafrika und darüber hinaus gewesen.

Leopold nutzte diese britische Befürchtung geschickt aus und räumte Paris das Vorkaufsrecht für den Kongo ein. Im Gegenzug respektierte Frankreich Leopolds Anspruch auf das Gebiet am Kongo-Strom.[14]

Blieb als Haupthindernis die deutsche Position, doch gewann der belgische König nunmehr Gerson von Bleichröder, den Bankier von Reichskanzler Otto von Bismarck, dafür, Stimmung für ihn und seine Pläne zu machen, indem er diesem in Aussicht stellte, im Kongo investieren zu können. Letztlich jedoch ließ sich Bismarck vor allem von dem Argument überzeugen, dass es machtpolitisch günstiger wäre, wenn der Kongo an das schwache Belgien fiele und damit dem deutschen Handel in der Region offenstände, »als wenn Frankreich oder Portugal oder gar das mächtige England von dem Gebiet Besitz ergriffen«[15]. Die Weichen für die koloniale Zukunft des Landes am Kongo-Fluss waren somit gestellt, und Bismarck setzte auf Leopolds Plan, um gemeinsam mit Frankreich den von England erhobenen Anspruch auf eine Monopolstellung in Westafrika zurückzuweisen.

Als am 15. November 1884 im Reichskanzlerpalais in der Berliner Wilhelmstraße Delegationen aus 14 Staaten zur von Deutschland und Frankreich initiierten Konferenz zusammentraten, war das Deutsche Kaiserreich ganze 14 Jahre alt, die Industrielle Revolution hatte Einzug gehalten, und der wachsende internationale Einfluss machte das Kaiserreich zum Vermittler bei der Erschließung eines der letzten »weißen Flecken« auf der afrikanischen Landkarte. Dass das eher unbedeutende Belgien eine zentrale Rolle einnehmen und dass so über die Zukunft des riesigen Kongo entscheiden würde, war dem Kräftespiel im sich formierenden modernen imperialen Machtgefüge geschuldet. Verhandelt wurde zwar über, aber nicht mit Afrika.

Aus den Gebieten, über die verhandelt wurde, saß kein einziger Vertreter am Tisch. Es ging nicht um die ureigenen Interessen Afrikas, die kümmerten niemanden. Es ging um die Aufteilung der Einflusssphären auf dem Kontinent, und über diese bestimmten die (Groß-)Mächte der damaligen Welt: Belgien, Dänemark, Deutschland, Frankreich, Großbritannien, Italien, Niederlande, Österreich-Ungarn, Portugal, Russland, Schweden-Norwegen, Spanien, das Osmanische Reich, die USA. Dem gastgebenden Einlader ging es zudem darum, günstige Ausgangsbedingungen für die zukünftige Afrikapolitik des Deutschen Reiches zu schaffen. Dabei nahm der Kongo die Schlüsselrolle ein, derweil – zumeist in bilateralen Verhandlungen – der gesamte Kontinent grob und wie mit dem Lineal gezogen in regionale Einflusssphären der Kolonialmächte aufgeteilt wurde, häufig in einem Geschachere und ohne Rücksicht auf geografische Gegebenheiten und ethnische Aspekte.

Der Kongo wurde, als am 15. Februar 1885 die Berliner Konferenz mit Verabschiedung der »Kongo-Akte« zu Ende ging, als Kolonie Leopolds II. anerkannt. Zwar sollten außerdem die Zollfreiheit des Handels in Westafrika und die Freiheit der Schifffahrt auf Kongo und Niger gesichert werden, was auch festgeschrieben, aber doch schnell relativiert wurde: So beschloss eine Konferenz gegen die Sklaverei 1889/90 in Brüssel als konkrete Maßnahmen, mit denen vorgeblich der Sklavenhandel bekämpft werden sollte, weitere befestigte Stützpunkte, Straßen, Eisenbahnen anzulegen und Dampfboote zur Verfolgung von Menschenhändlern anzuschaffen. Deren Finanzierung sollte durch die Einführung von Zöllen garantiert werden, die am Ende jedoch lediglich den belgischen Ausplünderungsvorhaben diente.

Letztlich blieb das wichtigste Ergebnis der Berliner Konferenz die Konstituierung und Anerkennung des belgischen Kongo-Staats als »Freistaat«, offiziell unter dem Namen »État Indépendant du Congo« am 29. Mai 1885 gegründet. Etwa 3.000 Weiße herrschten über 20 Millionen Afrikaner. Der belgische König schaltete und waltete nunmehr, wie ihm gelüstete und wie es seine Mittel zuließen. Zudem würde der afrikanische Kontinent im Verlauf der nächsten beiden Jahrzehnte fast vollständig der Herrschaft europäischer Mächte unterstellt werden.

In seinen neuen Staat überführte Leopold II. umgehend Besitz und Strukturen, die bisher unter dem Mantel der Internationalen Kongo-Gesellschaft firmierten, und ließ sich vom belgischen Parlament als dessen »souveräner König« bestätigen. Per Erlass wurden mehrere Großflächen an Konzessionsgesellschaften gegeben unter Beteiligung Leopolds und seiner Beamten. Damit gehörte der Kongo dem nunmehr größten Landbesitzer der Welt nicht nur de facto, sondern auch de jure persönlich.

Er finanzierte den Bau von Missionsstationen und Handelsposten sowie den Ausbau der neuen Hauptstadt Boma und errichtete ein System der blanken Ausbeutung und faktischen Leibeigenschaft. Für seine Projekte bewilligte ihm das belgische Parlament zehn Millionen Francs zum Bau der Matadi-Kinshasa-Bahn. Die Arbeiten an den annähernd 400 Kilometern zur Umgehung der großen Katarakte, von der Flussmündung bis Pool Malebo und an der Boma-Tshela-Bahn konnten beginnen.

Die große Festung Fort de Shinkakasa wurde errichtet und der Hafen von Matadi ausgebaut. Tausende Sklaven wurden aus der Gegend des oberen Kongo »freigekauft«, wie der Vorgang aus Tarnungsgründen euphemistisch genannt wurde, obwohl das Gegenteil geschah: Die Männer, Frauen und Kinder wurden dringend benötigt und als billige Arbeitskräfte eingesetzt, und die »Befreiten« ahnten nicht, dass ihr Los noch schwerer werden würde als zuvor. Es seien insgesamt Zehntausende gewesen, die betroffen waren, und der Sklavenhandel erfuhr – trotz eines gegenteiligen Beschlusses der Berliner Konferenz – einen erneuten Aufschwung. Zahlreiche Händler belebten ihr Geschäft mit der Ware Mensch wieder, und der Kongo-Staat handelte nach der Devise: »Die Sklaverei ist abgeschafft! Es lebe die Sklaverei!«[16]

Das zunächst eingeführte Steuersystem basierte auf der Zahlung in Form von Naturalien. Die Kongolesen lieferten Elfenbein, die anfangs begehrteste Ware. Ende des 19. Jahrhunderts wurden jährlich Hunderte Tonnen nach Europa eingeführt, ein wertvoller Rohstoff, aus dem kostbarer Schmuck, Klaviertasten, Gefäße, Griffe, Billardkugeln, Würfel, Dominosteine gefertigt wurden, sämtlich Luxusgüter. Aus dem Kongo seien allein 1897, heißt es, 245 Tonnen des »weißen Goldes« exportiert worden, was zu dem Zeitpunkt rund 50 Prozent der weltweiten Handelsmenge entsprach. Auf diversen Stützpunkten wurde das edle Material gesammelt, die Leitung von Sammelstationen wurde für viele Kolonisatoren zum begehrten Posten, weil er innerhalb kurzer Zeit ungeheuren Reichtum versprach.

Später kam Kautschuk hinzu und dominierte bald, nach der Entwicklung des aus Naturkautschuk hergestellten elastischen Werkstoffs Gummi und dem damit einhergehenden Aufstieg des Autos und der Reifenproduktion nach der Erfindung des Luftreifens 1888, gefertigt aus dem Wundermaterial. Es taugte zudem zur Herstellung von Gummistiefeln, Regenbekleidung, Schläuchen, Rohren, Dichtungen, Isolierungen, Telegrafen, Elektroleitungen. »Die Gesamtgewinne aus dem Kautschukgeschäft des Kongo stiegen zwischen 1890 und 1904 um das 96-Fache«.[17]

Adäquat zur wachsenden Nachfrage und der daraus sich bis in den Wahnsinn steigernden Gier der Händler wurde die einheimische Bevölkerung immer grausamer misshandelt und ausgebeutet. »Es ging alles ganz schnell. In wenigen Monaten verschärfte sich das Grauen. Europa wollte Kautschuk, das war alles, was es wollte; es war ihm gleich, wie dieser Kautschuk gewonnen, geerntet, gemanscht, gefiltert, getrocknet wurde; es brauchte seine Dosis, und damit basta.«[18]

Wie viele Menschen bei den sich etablierenden »Kongogräueln«, als die sie in die Geschichte eingingen, ums Leben kamen, ist strittig. Mehrere Schätzungen gehen von zehn Millionen Opfern aus, andere darüber hinaus, auch von einem »afrikanischen Holocaust« ist mittlerweile die Rede. Der deutsche Afrikaspezialist Franz Ansprenger wies darauf hin, dass Stanley in den 1880er Jahren bezüglich der Bevölkerung von etwa 29 Millionen Menschen ausgegangen war. »Die Schätzungen um den Ersten Weltkrieg schwankten zwischen achteinhalb und elf Millionen.«[19] Dieser Schwund gehe nicht allein, aber zu einem erheblichen Teil auf das Konto der »Kongogräuel«.

In der Kautschukgewinnung werden kaum Arbeitsmittel benötigt. Anbau ist nicht notwendig, Düngemittel und irgendwelche Betriebsausrüstungen sind überflüssig, unabdingbar sind jedoch Arbeitskräfte in großer Zahl. Diese können zwar gewaltsam rekrutiert, aber nur als Einzelpersonen und nicht kollektiv eingesetzt werden, wie zuvor beim Bau von Infrastruktur zehntausendfach organisiert geschehen: Sklaven, aneinander gekettet und durch Wärter mit der Nilpferdpeitsche Chicotte, die zu einem langen, scharfkantigen Streifen geschnitten war, angetrieben.

Das Zapfen von Rohkautschuk jedoch geschieht auf den weiten Flächen des äquatorialen Regenwaldes, der fast die Hälfte des Kongo-Staats ausmacht: Die Menschen bearbeiten die frei wachsenden – später auch in Plantagen angebauten – Bäume und müssen diese häufig erklettern.

Niemand verrichtet diese Arbeit freiwillig. Von Tränen der Bäume, in die sich die der Arbeiter mischen, ist auch die Rede. Die Arbeiter wurden durch ein festgelegtes, streng sanktioniertes Abgaberegime dazu gezwungen, immer tiefer in den Dschungel zu ziehen, um das ihnen auferlegte Mindestsoll zu erfüllen. Die Anglo-Belgian India Rubber Company allein benötigte 47.000 Kautschuksammler. Das Abbauprinzip von

Kautschuk im Kongo des belgischen Königs sah zwei Varianten vor. Die Truppen der Force Publique besetzten Dörfer, den Einwohnern wurde befohlen, Kautschuk zu sammeln, oder ihr Dorf würde niedergebrannt. Fliehende wurden erschossen. Für die dabei verbrauchte Munition wurde als Nachweis verlangt, die Hände der Toten vorzulegen. Die *Kölnische Zeitung* meldete 1896, »dem berüchtigten Bezirkskommissar Léon Fiévez seien an einem einzigen Tag 1.308 abgeschlagene Hände übergeben worden«[20].

Auch Lebenden wurden Hände abgehackt. Da »jede Kugel, die bei der Jagd verschossen worden war, mit einer Hand zu belegen war, fielen regelmäßig marodierende Söldner über Unschuldige her, um ihnen die Hände abzuschlagen. Körbeweise lieferte die Force Publique bei den Europäern abgeschlagene Hände ab, von Männern, Frauen und Kindern«[21]. Folge war, dass abertausende Männer, Frauen und Kinder sowohl Zeit ihres Lebens verstümmelt blieben als auch deren Arbeitskraft vernichtet wurde. Zudem kamen die Einheimischen immer weniger dazu, wegen der verordneten Kautschukquoten, die eigenen Felder zu bestellen. Hunger und Elend grassierten, die sich zu Katastrophen steigerten und ganze Regionen entvölkerten.

Nachdem die Grausamkeiten weltweit für Empörung gesorgt hatten, schrieb der US-amerikanische Schriftsteller Nicolas Vachsel Lindsay 1914: »Listen to the yell of Leopold's ghost / Burning in Hell for his hand-maimed host / Hear how the demons chuckle and yell / Cutting his hands off, down in Hell.«[22] »Leopolds Seel' in der Höll' hört ihr schrei'n, / zollt für verstümmelte Hände den Opfern sie Pein. / Horcht, wie die Teufel laut schrei'n vor Behagen, /wenn s' in der Höll' die Händ' ihm nun abschlagen.«

Verhungern, Erschöpfung und Obdachlosigkeit gehörten zu den Haupttodesursachen ebenso wie der organisierte Mord:

Wenn Mengenvorgaben für geerntetes Kautschuk nicht erfüllt wurden, brachten Soldaten oder die Wachmannschaften der Kautschukgesellschaften »vielfach jeden um, dessen sie habhaft werden konnten«[23]. Regelrechte Massaker waren keine Ausnahmen. Die Force Publique überfiel Dörfer, entführte und vergewaltigte die Frauen.

Zudem verbreiteten sich bis dato unbekannte, von den Kolonisatoren eingeschleppte Krankheiten ungeheuer schnell, darunter die Pocken und die Schlafkrankheit. Folge des schlechten Allgemeinzustandes der Betroffenen im Zuge des Kautschukterrors war außerdem ein starker Rückgang der Geburtenrate. Der Kautschukertrag stieg derweil von 100 Tonnen 1890 auf 6.000 im Jahr 1901.

Das »Herz der Finsternis« erreicht Joseph Conrad, als er bei der einsam gelegenen, gespenstisch anmutenden Niederlassung ankommt, die von einem Mann namens Mr. Kurz geleitet wird, ein makabrer Sadist, sozusagen eine Art gesamtideeller Unterdrücker und Ausbeuter. Das Gebäude umgibt ein Zaun mit Pfählen, auf denen Menschenköpfe aufgespießt sind, als »Zierde«, Abschreckung und Symbole für eine absolute Unterwerfung der einheimischen Bevölkerung, die den Mr. Kurz zu verehren und anzubeten hat. Und Conrads Erzähler Charlie Marlow fühlt sich »in eine lichtlose Region ausgesuchter Gräuel versetzt (...), wo einfache, reine Grausamkeit geradezu eine Erlösung war, denn sie war etwas, was – offenbar – ein Recht darauf hatte, im Sonnenlicht zu existieren«.[24]

Mr. Kurtz, den Conrad mutmaßlich nach dem Vorbild mehrerer namentlich bekannter kolonialer Offiziere und Beamter gebildet hat, diente Francis Ford Coppola der in »Apocalypse Now« von Marlon Brando verkörperten Figur des abgetauchten US-Soldaten selben Namens (Oberst Kurtz) im Dschungel Vietnams als Vorlage. Er hätte aber auch als Plagiat der späteren belgischen Mörder Lumumbas fungieren können. Die historischen Parallelen sind unübersehbar und stehen generell für koloniale Ungeheuerlichkeiten.

Erst nach der Jahrhundertwende kam nach und nach die Wahrheit über den Genozid am Kongo-Fluss an die Öffentlichkeit. Missionare und Zeitungsenthüllungen sorgten dafür. 1908 verurteilten Großbritannien und die USA das königliche Herrschaftssystem. Brüssel übernahm den Kongo von Leopold II. gegen eine Zahlung von 50 Millionen Francs, die Tilgung von 110 Millionen Schulden sowie die Finanzierung von Bauprojekten in Höhe von 45 Millionen Francs. Aus dem Freistaat wurde 1908 die Kolonie Belgisch-Kongo.

Der König starb am 17. Dezember 1909. Der Trauerzug mit seinen sterblichen Überresten wurde von der belgischen Bevölkerung ausgebuht. Die Regierung in Brüssel verwaltete nunmehr die Kolonie, deren Ausplünderung autoritär, brutal und nach rassistischen Regularien fortgesetzt wurde. Die Zwangsarbeit wurde zwar offiziell abgeschafft, die Maßnahme blieb jedoch wirkungslos. Belgien legte mit der weitgehenden Negierung des Aufbaus einer von Einheimischen beherrschten Infrastruktur und der Verhinderung von Qualifikationsmöglichkeiten durch Bildung und Hochschulbildung einen Grundstein dafür, dass auf seine achtzigjährige Herrschaft eine bis heute anhaltende über siebzigjährige Unterentwicklung, Gewalt und Völkermorde wie im ruandischen Kontext in Nordkivu folgten.

Als Baudouin, einer der selbsternannt »gottgewollten« Nachfolger Leopolds II. und Sohn von Leopold III., am 30. Juni 1960 in Léopoldville während der Unabhängigkeitszeremonie seinen Vorfahren in höchsten Tönen lobte und, ähnlich des Gebotes von Stanley 1880, ihn in ein übernatürliches Wesen verklärte, wurde diese Dreistigkeit zum direkten Anlass für eine der großen Reden der Weltgeschichte. Sie trug zur versuchten Wende in ein wirklich unabhängiges Kongo bei. Ihr Verfasser hieß Patrice Lumumba.

II.
»Das ganze Afrika«

Patrice Lumumba –
Annäherung an den kongolesischen Freiheitskämpfer

> »Tot, hört Lumumba auf, Person zu sein, und wird das ganze Afrika, mit seinem Einigungswillen, der Vielfalt seiner sozialen und politischen Systeme, seinen Spaltungen, seinen Zwistigkeiten, seiner Kraft und seiner Machtlosigkeit. Er wurde nicht der Held des Panafrikanismus und konnte es nicht werden, er wurde sein Märtyrer.«
>
> *Jean-Paul Sartre (1963)*[25]

Patrice Émery Lumumba war ein Menschenfänger in einem durch und durch positiven Sinn: ein charismatischer, kommunikativer Typ, der mit natürlicher Ausstrahlung seine Umgebung für sich einnehmen konnte – für seine Person und für seine Idee. Beides war authentisch. Dass der Mann ernst meinte, was er sagte und zudem glaubwürdig war, merkten die Leute: Gedanken entsprangen hoher Intelligenz, einer soliden Ausbildung und weitgehend selbst erarbeiteten Bildung, hartnäckig, ausdauernd; gewachsen – und das nicht zuletzt – durch Erfahrungen und Erlebnisse, mit Phantasie und Esprit ausgeschmückt, wie es wohl kaum sonst jemand zu vermitteln vermochte. Das alles führte, weit über den kongolesischen Rahmen hinaus, auf den großen, vielerorts noch unbekannten, im Aufbruch befindlichen Kontinent.

Patrice wurde am 2. Juli 1925 im Dorf Onalua bei Katako-Kombé, Provinz Kasai (heute: Sankuru), im Zentrum der

Kolonie Belgisch-Kongo geboren. Seine Eltern, Julienne Wamato Lomendja und deren Mann François Tolenga Otetshima, gehörten als Batetela, den tetela-sprachigen ursprünglichen Bewohnern des Kasai-Beckens, von Haus aus einer Ethnie an, die traditionell vom Fischfang sowie von der Landwirtschaft, dem Anbau von Bananen und Kolanüssen lebte. Die ländliche Region mit ihren beengten Strukturen, dem Häuptlingssystem und einer großen Armut prägten das Umfeld des jungen während Patrice und ließen so eine eine gewisse Widerständigkeit als natürlich erscheinen.

Über seinen rebellischen Großvater war bekannt, dass er während eines der Aufstände gegen die Obrigkeit Ende des 19. Jahrhunderts getötet worden war: Vor allem Batetela wehrten sich damals gegen die brutale Herrschaft der weißen Kolonialoffiziere innerhalb der Force Publique, die als Gendarmerie und Armee zugleich konzipiert war. Die unteren Ränge erhoben sich 1895 in Lualabourg (heute Kananga) wegen schlechten Essens und ausstehenden Soldes und durchkreuzten ein Jahr lang alle Versuche der Weißen, den Aufstand niederzuschlagen. 1897 kam es erneut zu Auseinandersetzungen, die bis 1901 anhielten. Von der belgischen Verwaltung wurden die Batetela schließlich in die Regionen Kivu und Kasai »umgesiedelt«.

Der kleine Patrice hieß ursprünglich Élias Okit'Asombo oder auch Isaïe Tasumbu Tawosa – beide Namen werden von verschiedenen Quellen verwendet. Okit'Asombo bedeutet übersetzt so viel wie »Erbe des Verwunschenen«, stammt von den Worten okitá/okitɔ́ (Erbe oder Nachfolger) und asombó (verwunschene oder verhexte Menschen, die früh sterben). Verbürgt ist, dass ihn seine Eltern Tasumbu Tawosa riefen und er drei Brüder hatte, Charles Lokolonga, Émile Kalema, Louis Onema Pene Lumumba, sowie einen Halbbruder, Jean Tolenga.

Sein Geburtsort befindet sich etwa 1.500 Kilometer östlich von Léopoldville (heute: Kinshasa) und 400 Kilometer entfernt von den damaligen, südlich gelegenen belgischen Protektoraten Urundi (heute: Burundi) und Ruanda unweit der Kivu-Provinzen in der Große-Seen-Region – landschaftlich aufregend schön, reich an Bodenschätzen und fruchtbaren Böden, auch als »Schatzkammer Afrikas« bekannt und gerade deswegen verflucht.

Der Junge wuchs unter kirchlichem Einfluss auf, ausgeübt von Missionaren. Vater Émile war ein katholischer Bauer, gläubig und, bei aller kolportierten Sturheit, eingebunden in die von den Priestern praktizierten Regeln des Christentums, in ein gepredigtes gottgewolltes – königliches – Oben und Unten mit der vagen Aussicht auf ein besseres Leben nach dem Tod. Das Elend der schwarzen Landbewirtschafter und ihrer Familien wäre ohne die Religion nur schwer zu ertragen gewesen, was natürlich nichts an der miserablen Lage änderte und meist dazu beitrug, sie zu ertragen und sich in das leidvolle Schicksal zu fügen.

Dementsprechend gehörte die Missionarstätigkeit seit jeher zum festen Repertoire der europäischen Kolonialisten zur Herrschaftssicherung, auch im Kongo, zeitigte allerdings individuell durchaus unterschiedliche Ergebnisse. Patrice war einer jener Schüler, deren Wissensdurst und Bildungseifer durch die Missionsschulen – später auch einer evangelisch orientierten – angeregt wurden, ein durchaus widersprüchlicher Vorgang. »Die Patres erweckten in ihm einen wilden Ehrgeiz, der ihn nach den Ursachen des Elends forschen ließ, aber auch den Wunsch, sich damit abzufinden«, schildert Jean-Paul Sartre die ambivalente Wirkung des Glaubens.[26]

Der Vater hatte ihn schon als Sechsjährigen mit aufs Feld und in den Gottesdienst genommen, wo ihn Geistliche der Ordensgemeinschaft »Kongregation vom Leiden Jesu Christi« (Passionisten) auf den Namen Patrice tauften. Der Name »Lumumba«, was so viel heißt wie »aufrührerische Massen«, fiel ihm zu, weil diejenigen, die mit ihm zu tun hatten, den selbstbewussten Jungen irgendwann in seiner Kindheit aus ihrer Erfahrung heraus so riefen – ein kleiner Widerborstiger. Bei den Passionisten erlernte er das Alphabet und den Katechismus, bis er als Dreizehnjähriger zu einer schwedischen, evangelischen Mission wechselte, gegen den Willen seines Vaters.

Im Unterricht wies er, zu deren Ärger, Lehrer auch schon mal auf ihre vermeintlichen oder tatsächlichen Irrtümer und Fehler hin, sprach offen aus, was er dachte – ein Charakterzug, der ihn sein Leben lang begleiten würde, der aber nicht dazu führte, auch die konkreten Umstände abzuwägen. Außerhalb des regulären Lehrplans entdeckte er in unermüdlichem Selbststudium und durch häufige Aufenthalte in Büchereien die Ideale der Aufklärung von Jean-Jacques Rousseau und Voltaire, las Moliére und Victor Hugo, schrieb Gedichte, und viele davon »hatten antiimperialistische Inhalte«[27].

Die Schule verließ er mit 17 Jahren, absolvierte eine einjährige Ausbildung bei der Post, wurde 1946 Schalterbeamter im Postamt von Yangambi und wenig später Angestellter des Postscheckamtes von Stanleyville (Kisangani). Dort bewährte er sich und nutzte zudem seine rare Freizeit dazu, sich weiterzubilden. Elf Jahre arbeitete er bei der Post im öffentlichen Dienst, eine Zeit, die nach und nach begleitet war von einem sich entwickelnden kulturellen Engagement, ausgehend von seiner Stellung als eingeschränkter, aber doch privilegierter Schwarzer, der fünf Sprachen beherrschte: Tetela, Französisch, Lingala, Swahili und Tshiluba.

Der junge Mann war groß und schlank und fiel schon wegen seiner Statur auf, was einen Teil der Wirkung seiner Person ausmachte. Er trug zudem zwei für seine Gegend eher untypische, kleine dünne Bärte unter der Nase und an der Kinnspitze, die sein hageres Gesicht noch einen Tick markanter machten. Auf Fotos und in Filmen blicken einen lebhafte, wachsame Augen hinter einer Hornbrille mit randlosem Unterteil an. Konnte es sein, dass sie ihn eine Spur trauriger wirken ließen, so, als ahnte er, was auf ihn zukommen würde?

Bewusst war ihm jedenfalls schon früh seine rhetorische Begabung. Wenn er redete, wurde ihm zugehört, in der Schule, in Gesprächen, bei Versammlungen, kulturellen Veranstaltungen, und eben die häuften sich zu Beginn der 1950er Jahre. Wenn er einen Ort betrat, fiel ihm alle Aufmerksamkeit zu, und die Beschreibungen, wonach später bei Meetings, egal, »ob Tausende oder Zehntausende gekommen waren«[28], noch vor seinem ersten Wort augenblicklich Stille eintrat, lassen auf eine natürliche, von Respekt getragene Autorität schließen. In der Öffentlichkeit wirkte er beherrscht, überlegt, seriös, ein Anzugträger, weißes Oberhemd, Schlips oder Fliege und Kragen, gutaussehend.

Dreimal in seinem Leben war Lumumba verheiratet. Henriette Maletaua und er ließen sich ein Jahr nach seiner Ankunft in Stanleyville trauen, 1947 wurde das Paar geschieden. Auch die Ehe mit Hortense Sombosia ging in die Brüche, und er begann eine Affäre mit Pauline Kie, mit der er einen Sohn hatte, François Lumumba, geboren 1951. Schließlich heiratete er im selben Jahr eine junge Frau aus seiner Heimatregion, Pauline Opangu, eine von seinem Bruder vermittelte Bekanntschaft. Sie bekamen vier Kinder: Patrice (1952), Juliana (1955), Roland-Gilbert (1958) und Marie-Christine (1960). Letztere starb an Hepatitis. Den Sohn Guy (1961) brachte Lumumbas Sekretärin und Geliebte Alphonsine Masuba nach Patrices Tod zur Welt.

1954 stieg er wegen erwiesener Fähigkeiten sozial auf, wurde zum »Évolué« (»Entwickelter« oder auch »fortgeschrittener Neger«) ernannt, so die offizielle Kategorisierung, und damit Mitglied einer von den Belgiern aus der Bevölkerung heraus rekrutierten und der Herrschaft direkt unterstehenden Schicht Einheimischer, eine vom Wesen her kleinbürgerlich konzipierte schwarze, den Weißen gegenüber unterprivilegierte Elite. Zudem erhielt er die »Carte d'Immatriculation«, die ihn wie insgesamt 150 Kongolesen als »europäisch zivilisiert« und für höhere Tätigkeiten befähigt auswies und ihm weitere Bildungsmöglichkeiten eröffnete. Allerdings waren bis 1956 lediglich dreißig Studenten aus dem Kongo inklusive Ruanda-Urundi (unter belgischer Verwaltung ab 1919 als Völkerbundmandat, ab 1946 als UN-Treuhandgebiet) zu einem Studium zugelassen worden.

Nur leidlich hatten sich die Belgier Erfordernissen der kolonialen Wirtschaft angepasst. Ein »Évolué« sei »ein Mann, der die sozialen Beziehungen zu seiner Gruppe abgebrochen hat, (und in) ein anderes System von Motivationen eingetreten war«. Er müsse ein gutes Französisch sprechen, »dem Christentum angehören und irgendeine Form von postprimärer Bildung besitzen«[29].

Diese mit äußerst eingeschränkten Rechten und ebensolchen Aufstiegschancen ausgestattete Gruppe umfasste zunächst nur wenige Menschen. Lumumba wies darauf hin, dass von Einführung der »carte de mérite civique« 1948, einer Art Ausweis für Évolués, bis Ende 1955 lediglich 884 Kongolesen im Besitz einer derartigen Karte waren. In seinem Buch von 1956 machte er eine bitterböse Rechnung auf, die seine Wut auf das Günstlingssystem der Belgier ausdrückte: »Bei der Rate – durchschnittlich 110 Karten jährlich für den gesamten Kongo – würde es zehn Jahrhunderte, also tausend Jahre dauern, bevor wir 110.000 offiziell anerkannter Evolués im Kongo haben; und, bevor alle zwölf Millionen Einwohner ihr Integrationszertifikat hätten, müssten wir schließlich tausend Jahrhunderte – oder 100.000 Jahre – warten.«[30]

Zudem seien »die Afrikaner des Kongo« – juristisch betrachtet gab es keine Staatsbürgerschaft – weder Kongolesen, weil ihre kongolesische Nationalität als Ergebnis der Annektierung des Kongo durch Brüssel nicht anerkannt war, noch

Belgier, weil sie keine belgische Staatsbürgerschaft erhielten. Sie seien lediglich »Gegenstände der Belgier«, so Lumumba.

Er arbeitete weiter »wie ein Berserker«, so Sartre, und wäre doch absehbar nur ein drittrangiger Postbeamter geblieben, wie er selbst konstatierte, ein immer noch irgendwie Privilegierter, aber ohne weitere Karrieremöglichkeiten. Auch in der Armee lag die Aufstiegsobergrenze für Einheimische beim Rang eines Sergeanten (Unteroffizier), in der Verwaltung im unteren Bereich des Mittelbaus. Für andere Berufssparten galt Ähnliches, und die Kolonialmacht sorgte insgesamt nur äußerst zurückhaltend für die Herausbildung einer gebildeten sozialen Mittelschicht. Stattdessen hielt Despotismus das Land »in Unwissenheit und Analphabetismus und konservierte die feudalen Herrschaftsformen, die Rivalitäten, die ›traditionellen Strukturen‹ und das herkömmliche Recht«[31].

Seit Mitte der 1950er Jahre beschleunigte sich das Entwicklungstempo dann doch etwas, und die Zahl der anerkannten »Entwickelten« wuchs am Ende von Belgisch-Kongo auf etwa 150.000 an: 150.000 von inzwischen etwa 16 Millionen Einheimischen, konzentriert auf die Städte und die ökonomisch und verwaltungstechnisch wichtigen Sektoren. Die Landbevölkerung blieb weiter verhaftet in Traditionen und Rivalitäten des Tribalismus, gegängelt in einem weiten Häuptlingssystem – ein Zustand, der gesamtgesellschaftlich betrachtet im Widerspruch zur zwingenden Notwendigkeit stand, sich einzustellen auf einen grundsätzlichen Politikwechsel – auch am Kongo-Strom.

Und viele Kolonialstaaten im globalen Süden setzten sich mit der Wahrscheinlichkeit eines Epochenwechsels auch auseinander: Sollte dieser dann tatsächlich beginnen, so ihr Kalkül, müssten sie darauf Einfluss nehmen. Gut ausgebildete und angepasste Schwarze in Verwaltung und Militärapparat könnten sich als durchaus hilfreich erweisen, einen weitgehenden Machterhalt der Europäer zu sichern. Zudem wäre aus Sicht der Herrschaft die Errichtung eines an neokolonialen Interessen ausgerichteten Bildungswesens durchaus sinnvoll, oder hätte doch zumindest das bisherige, ehemals nützliche System aus Missionarsschulen ergänzen können.

Dass sich Belgien dieser Logik verweigerte, deutete entweder auf ein hohes Maß an Hochmut gegenüber den einheimischen »Untertanen« oder auf eine Selbstgewissheit, durch Absicherung der kolonialen ökonomischen und militärischen Strukturen unabhängig von den politischen Entscheidungsprozessen weiter agieren zu können. Und im Gegenteil, so eine vage Spekulation, könnte eine bewusste Vernachlässigung der menschlichen Ressourcen und des Bildungssystems eventuell sogar vorteilhaft für den Machterhalt sein.

Vielleicht wurde seitens des Königreichs aber auch einfach die gewaltige Dimension des Umbruchs nicht erkannt, und man wartete ab, dass sich die Verhältnisse beruhigen würden. Das geschah dann nicht, und Brüssel wurde mehr und mehr zum Gejagten, der letztlich unter dem Druck von Aufständen, Protesten, sich formierenden Massenbewegungen und den Notwendigkeiten der Zeit versuchte zu retten, was noch zu retten war.

Lumumba mischte sich entsprechend der Entwicklung seiner intellektuellen Fähigkeiten, seines Talents zu kommunizieren sowie von Analysefähigkeit und Engagement seit Beginn der 1950er Jahre auch gesellschaftlich ein und lag damit in einem neuen, aufregenden Trend: In ganz Afrika setzten sich nach dem Zweiten Weltkrieg junge Führungspersönlichkeiten verstärkt für nationale Ziele, also die Unabhängigkeit von den Kolonialmächten ein. Der Panafrikanismus erfuhr eine Renaissance, die mächtiger wirkte als bei Formierung der Idee 50 Jahre zuvor.

1952 stieg Lumumba zunächst als persönlicher Assistent beim französischen Soziologen Pierre Clément ein, der eine Studie über Stanleyville durchführte. Im selben Jahr gründete er zusammen mit anderen eine Ortsgruppe der Association des anciens élèves des pères de Scheut (Adapés), einer Alumni-Vereinigung für ehemalige Schüler an Scheut-Schulen. Obwohl er selbst nie eine solche besucht hatte, wurde Lumumba deren Präsident, 1955 dann Regionalvorsitzender der Cercles of Stanleyville.

Als »Évolué« war er in deren örtlicher »Kulturgesellschaft« aktiv, organisierte Veranstaltungen, nahm an wissenschaftlichen Untersuchungen teil und schrieb Beiträge für Periodika wie *La Croix du Congo* oder *La voix du Congolais.* Zunächst gehörte er liberalen Kreisen an, später engagierte er sich in der Beamtengewerkschaft l'Apic, die rein kongolesisch organisiert und nicht mit einer der beiden großen belgischen Gewerkschaften – eine sozialistisch, eine römisch-katholisch – verbunden war.

Er trat der Liberalen Partei Belgiens bei, redigierte und verteilte Parteiliteratur. 1956 schrieb er mit dem Buch »Le Congo. Terre d'Avenir. Est-il Menacé?«[32] eine gründliche Analyse der gesellschaftspolitischen Lage in der Kolonie und inspizierte das Unterdrückungssystem der Belgier umfassend. »Le Congo. Terre d'Avenir. Est-il Menacé?« wird zwar gelegentlich auch als »Autobiografie« bezeichnet, enthält jedoch so gut wie keine biografischen Bezüge. Das Werk wirkt vielmehr zumindest streckenweise wie eine Anleitung für die angestrebte Dekolonisierung des ganzen Landes, wie ein detaillierter programmatischer Entwurf für eine zukünftige nationale Befreiungsbewegung, die gemeinsam mit den Belgiern das Land umbaut.

Es mag durchaus sein, wie der saüdafrikanische Journalist Colin Legum im Vorwort zur Ausgabe des Buches von 1962 anmerkt, dass sich Lumumba als Angehöriger der einheimischen Elite vorstellte, als »Mittler zwischen der Regierung von Belgisch-Kongo und den Massen zu agieren«[33] und reformerisch zu wirken, doch ließ der herrschende Zeitgeist selbst einen solchen mit, durchaus moderater, Kritik verbundenen Denkansatz nicht zu. Eine Emanzipation aller Kongolesen und die Organisation einer zukünftigen freien Gesellschaft zu beschreiben, war ebenso tabu wie mit der Realität kritisch umzugehen: Die Gedanken darüber müssen auf die Kolonialisten beunruhigend gewirkt haben. Zumindest wurde das Manuskript, das dem Brüsseler Verlag »Office de Publicité« seit Anfang 1957 vorlag, erst Monate nach dem Mord am Autor 1961 veröffentlicht.

Zurück von einer Studienreise nach Belgien im Jahr 1956 wurde Lumumba unter dem Vorwurf der Veruntreuung von Geldern der Post verhaftet und zu zwölf Monaten Gefängnis und einer Geldstrafe verurteilt. David Van Reybrouck zitiert ihn diesbezüglich mit den Worten: »Habe ich etwas anderes getan, als ein bisschen von dem Geld zurückzunehmen, das die Belgier dem Kongo gestohlen hatten?«[34]

Nach seiner Haftstrafe, die er in Élisabethville/Provinz Katanga (heute: Lubumbashi) absaß, gelangte er schließlich nach Léopoldville, in die Hauptstadt. »Ich kam von Stanleyville mit dem Bus als drittklassiger, kolonialer Postbeamter. Ich war dreißig und auf dem Höhepunkt meiner Karriere.«[35] Ihm war völlig klar, dass er immer nur, wenn überhaupt, die Hälfte von dem bekommen würde, was ein Weißer für vergleichbare Arbeit erhielt, und er hatte über viele Jahre ebensowenig wie die Non-Évolués das Recht, die Europäerstadt von Léopoldville oder ähnliche Orte zu betreten, wenn er nicht dort arbeitete. Für ihn galten zudem wie für alle Einheimischen die Sperrstunde und die übrigen Regeln der Segregation.

Als Lumumba die Hauptstadt erreichte, war die Wendestimmung bereits spürbar und er mit seiner Biografie etwas Besonderes: Er hatte das Rurale persönlich erlebt, die Bedingungen auf dem Land, das Elend der bäuerlichen Bevölkerung, Unterdrückung und Demütigung als Alltag, aber auch die Strukturen und die Arbeit in einem provinziellen Zentrum wie

Stanleyville. Vom Träger eines Lendenschurzes war er aufgestiegen zu dem eines eleganten Anzugs, wie Sartre es formulierte.

Nun erfuhr er zudem, was zu jener Zeit in Kongos großen Städten vor sich ging, und das war viel: Die massive Landflucht ließ auch Léopoldville boomen, die Industrialisierung begann, eine rasante massenhafte Proletarisierung folgte. Die Stadt war 1960 mit 400.000 Einwohnern schließlich die größte Metropole Zentralafrikas – und der eigentlich rasante Zuwachs stand noch bevor. Was in der Hauptstadt geschah, wurde zu einer Art Blaupause für die Urbanisierung anderenorts. Lumumba erlebte nunmehr, wie sich ein neues Milieu herausbildete.

Zudem fand er seine Unzufriedenheit darüber, dass sein Schicksal in den Händen anderer lag, in der von vielen anderen Évolués wieder. Der für die Betroffenen lästige Status ließ manchen zunehmend zweifeln und aufbegehren. Fast alle kongolesischen Parteigründer – und Parteien schossen Ende der 1950er Jahre in Erwartung eventuell bevorstehender Wahlen wie Pilze aus dem Boden –, ob aus den Provinzen oder in Léopoldville, gehörten der neuen Mittelschicht an, und bei den meisten von ihnen schlugen zwei Herzen in der Brust. Der durch opportunistische Anpassung an die Regeln der Weißen vollzogene Aufstieg implizierte ihre Anfälligkeit für eigenständige, den vorgesehenen Rahmen sprengende Karriereüberlegungen. Dass sie häufig ihre ethnische Herkunft als Katalysatoren für derartige Ambitionen ansahen, beförderte dann wiederum den Separatismus auf Basis der ethnischen Zersplitterung.

In Léopoldville begegnete Lumumba Akteuren einer sich äußerst heterogen formierenden Unabhängigkeitsbewegung, unterschiedlich sozialisiert und getrieben von vielfältigen Motiven. Er gewann Freunde unter ihnen, egal welcher Ethnie sie angehörten. Oder er hielt sie für Freunde, denn es stellte sich nach und nach heraus, dass sich auch Rivalen oder Feinde unter ihnen befanden. Sie würden final über sein Schicksal mitentscheiden, darunter Joseph Kasavubu, Joseph-Désiré Mobutu und Moïse Tschombé.

Kasavubu als Präsident würde ihn als Premier im Herbst 1960 absetzen, Armeechef Mobutu ihn hinter Gitter bringen und Anfang 1961 nach Katanga deportieren lassen, wo er direkt in die Arme von Provinzpräsident Tschombé fallen würde. Auf Betreiben der USA und Belgiens würde dieser ihn exekutieren lassen.

Alle drei waren zu machtbesessenen, skrupellosen Gestalten geworden, die sich als Handlanger des alten Kolonialismus in neuem Gewand betätigten. Ob derartige charakterliche Ungeheuerlichkeiten in den Jahren zuvor, als Lumumba nach Léo, wie die Hauptstadt landläufig genannt wurde, ging, überhaupt vorstellbar waren, sei dahingestellt: Persönliche Veranlagungen kommen manchmal erst durch den Lauf der Dinge ans Licht, oder auch gar nicht. Jedenfalls würde das halbe Jahr, das Lumumba nach der Unabhängigkeit noch überlebte, das turbulenteste in der gesamten Geschichte des Landes werden, und die programmatischen Gegensätze – zumindest zu Kasavubu als nach Autonomie strebenden Führer der Region im Mündungsgebiet des Kongo-Flusses und Tschombé als Protagonist der schwarzen Elite der rohstoffreichen Provinz Katanga – eskalierten.

Mit Kasavubu (Geburtsjahr wahrscheinlich 1910, gestorben 1969) hatte Lumumba erstmals zu tun, als er in Léopoldville für die Biermarke Polar warb. Die Brauerei Bracongo hatte ihn als Verkaufsleiter eingesetzt, und Kasavubu galt eher als Repräsentant der Biermarke »Primus«, der »Polar«-Konkurrenz. Der erfolgreichere von beiden war der geschickte Lumumba, auch wenn »der Job (…) nicht gerade das (war), was ich mir vorgestellt hatte, aber einem geschenkten Gaul schaut man nicht ins Maul.«[36] Er profilierte in den 15 Monaten Tätigkeit für »Polar« die Marke zum Bestseller vor allem in den Arbeitervierteln der Stadt. Mit Geschick verband er seine Werbung mit politischen Ansprachen und Freiheitsparolen.

»Polar« wurde zur »Primus«-Alternative. Das jeweilige Flaschenetikett entickelte sich schließlich, wenn nicht zur Klassenfrage, so doch zum Bekenntnis – das »Polar« zu einem für ein multiethnisches unabhängiges Kongo. Und für Lumumba. Wer ein »Polar« bestellte, sagte nun: »Pesa ngai Lumumba« (Gib mir ein Lumumba).

Kasavubu gehörte dem Volk der Bakongo an. Der »Évolué« hatte Theologie und Philosophie studiert und war später als Lehrer tätig. Schon früh politisch interessiert, trat er der 1950 gegründeten Association des Bakongo pour l'Unification, l'expansion et de la Défense de la Langue Kikongo bei, wurde 1955 ihr Präsident und machte aus dem Verein zur Förderung der Kikongo-Sprache eine politische Partei, die im Siedlungsgebiet seines Volkes, der zahlenmäßig größten Ethnie im Kongo, am unteren Kongo mit dem Zentrum Léopoldville, einen enormen Aufschwung erfuhr.

Im August 1956 forderte Kasavubu Belgien auf, politische Parteien zuzulassen. Bei den ersten Stadtratswahlen im Dezember 1957 setzte sich Abako (Allianz von Bakongo) als neue Kraft in Léopoldville klar durch, erhielt 139 der 170 Sitze im Gemeinderat, Kasavubu wurde Bürgermeister der städtischen Gemeinde Dendale. Seine Partei war eindeutig ethnisch und provinziell ausgerichtet, und Kasavubu spielte damals und auch zukünftig häufiger mit der Forderung nach einer Unabhängigkeit des Bas-Kongo (unterer Kongo) – und nicht etwa des ganzen Kongo.

Da tauchte Lumumba auf, von seinem Werdegang und seiner Präsenz her prädestiniert für den Aufbau einer gesamtnationalen Bewegung, über alle Bezirksgrenzen hinweg, die Gegensätze verringernd und keinesfalls fördernd wie Kasavubus Abako oder Tschombés Katanga-orientierter Confédération des Associations du Katanga (Conakat, Zusammenschluss der tribalen Verbände Katangas) oder eine der vielen anderen neuen Organisationen, die auf ethnischer Basis agierten, regionale Autonomie auf ihre Fahnen schrieben, sich unter anderen Bas-Kongo, Katanga, Kivu auch als unabhängige Staaten vorstellen konnten und entsprechend inhaltlich auftraten.

Die am 5. Oktober 1958 von Lumumba mitinitiierte »Kongolesische Nationalbewegung« (MNC) wurde zur einzigen gesamtnationalen Partei. Sie wandte sich ausdrücklich »gegen alle Formen von regionalem Separatismus«[37] und trat für »ein Kongo der Kongolesen – nicht länger von separierten Stämmen«[38] ein.

Mit Gründung des Mouvement National Congolais entstand eine Gruppierung, die von ihrer gesamtnationalen Konzeption der Unabhängigkeit her vergleichbar war mit anderen nationalen Befreiungsorganisationen. Die Programmatik der MNC stand in direkter Konkurrenz zu der von Kasavubus Abako und Tschombés ethnisch und regional in Katanga, der bodenschatzreichsten Provinz des Landes, angesiedelten Conakat. Geboren wurde Moïse Kapenda Tschombé, auch Tschombé oder Tshombe (1919-1969) genannt, als Sohn eines wohlhabenden Geschäftsmanns. Die Familie gehörte zum Königshaus der Lunda. Der Vater besaß Plantagen, sein Vermögen wurde auf fünf Millionen Francs geschätzt. Tschombé, ein Évolué wie die anderen, erbte alles und brachte es durch. Am Ende standen bei ihm drei Bankrotte zu Buche, wegen Betrugs landete er vor Gericht und ging schließlich in die Politik. Dazu äußerte Julien, Generaldirektor der belgischen Bergbaugesellschaft »Union Miniére du Haut Kongo« und Förderer von Tschombé und dessen Partei: »Und solche Tschombés gibt es im Kongo und besonders bei uns in Katanga viele. Wir müssen sie nur richtig bedienen.«[39]

Als Mitgründer der Conakat im Juli 1959 propagierte Tschombé die – vermeintlichen – Interessen der Lunda. Dabei baute er – neben der Unterstützung durch die belgische Regierung – vor allem auf die großen internationalen Bergwerksgesellschaften in Katanga, die Union Minière als einer Tochter der Société Générale de Belgique, des damals wichtigsten belgischen Konzerns, und anderer.

Der Belgier Paul Gilier, Präsident der Union Minière du Haut Katanga, konstatierte 1960 bei Vorstellung des Geschäftsberichts aus dem Vorjahr äußerst zufrieden hohe Gewinne. Demnach wurden 1959 mit 280.300 Tonnen Kupfer etwa 45.000 Tonnen mehr gefördert als 1958. Mit 8.530 Tonnen Kobalt erzeugte man 75 Prozent der Weltjahresproduktion. Hinzu kamen 2.900 Tonnen Urankonzentrat, 110.000 Kilogramm Silber, Gold, Germanium, Rafium und Cadmium. Der Reingewinn lag bei sechs Milliarden Francs. 1959 wurde die bis dato höchste Dividende ausgeschüttet.[40]

Vertreten war auf jener Jahreshauptversammlung eine illustre, einflussreiche weiße Elite, darunter der Großgrundbesitzer Gobert d'Aspremont Lynden von der Société Générale, als Vertreter des belgischen Königshauses der Hofmarschall von Baudouin I., sowie Charles Waterhouse, Präsident des britischen Konzerns Tanganyika Concessions Ltd. (TANCS), Beherrscher des zentralafrikanischen Kupfergürtels (Copperbelt). Die TANCS hielt 14,5 Prozent der Aktien an der Union Minière. Ein Bruder von UN-Generalsekretär Dag Hammarskjöld, einer der Direktoren der Union Minière, vertrat das schwedische Königshaus: »Er war nicht nur mit der belgischen Krone verschwägert, sondern hatte als Mitgift auch einige Aktienbündel der Union Miniére auf den Tisch gelegt bekommen.«[41]

Generaldirektor Jules Cousin und sein Stellvertreter galten damals als »die ungekrönten Könige der Kongoprovinz«[42], in der sich auch die Schinkolobwe-Grube befand – ein wegen seiner Produktion stark bewachter Schacht. »Während des Zweiten Weltkrieges hatten die USA die belgische Exilregierung unter Druck gesetzt. Belgien war auf US-Hilfe angewiesen gewesen. Trotzdem war nur ein Vertrag zustande gekommen, der besagte, dass das gesamte in Katanga gewonnene Uranerz in die Vereinigten Staaten geliefert werden müsse. Eine direkte Beteiligung an der Union Minière hatten die Belgier hartnäckig abgelehnt. Das Uranerz aus Katanga war der Rohstoff für die Atombombe gewesen, die auf Hiroshima abgeworfen worden war.«[43]

Die neue Bewegung MNC um Lumumba erarbeitete eine inhaltliche Plattform, deren zentrale Anliegen die Unabhängigkeit des ganzen Landes, die Afrikanisierung der Regierung und Verwaltung, eine staatlich gelenkte wirtschaftliche Entwicklung und die Neutralität in der Außenpolitik beinhaltete – sowie einen afrikanischen Internationalismus. Sie gewann schnell Sympathien. Als einschneidend für ihren spektakulären Aufstieg – und den ihres Vordenkers Lumumba – erwies sich die All-African Peoples' Conference Ende 1958.

Veranstaltet in der ghanaischen Hauptstadt Accra stand sie in der Tradition des »Pan African Congress«, der zuletzt 1945 in Manchester getagt hatte. Was seine ideologischen Positionen für die Zukunft des Kongo und Afrikas insgesamt betraf, wurde sie für Lumumba zum Aha-Erlebnis, aus dem sich der Kern seiner zukünftigen Positionen formte. Als einer von drei MNC-Delegierten vertrat er den Kongo, kam in »unmittelbaren Kontakt mit deklarierten panafrikanischen Nationalisten, und das bestärkte ihn nicht nur in seiner Forderung nach staatlicher Unabhängigkeit, sondern auch in seiner Meinung, dass Nationalismus selbst dort möglich ist, wo kulturelle, ethnische, religiöse (…) Vielfalt herrscht«[44].

In Accra lauschte Lumumba gebannt einer Rede Kwame Nkrumahs (1909-1972), dem Präsidenten des seit 1957 unabhängigen Ghana (bis dahin britische Kronkolonie Goldküste und Britisch-Togoland) und erstes Land des subsaharischen Afrikas, das sich vom Kolonialismus löste. Das geschah ein Jahr vor dem Nachbarn Guinea. Wie dessen Präsidenten Ahmed Sékou Touré, ebenfalls ein führender Vertreter des Panafrikanismus, inspirierten Lumumba Nkrumahs Vorstellungen von einer besseren Zukunft für alle Menschen von Kapstadt bis Algier, von Kap Verde bis zum Horn: »Hände weg von Afrika! Afrika muss frei sein«, lautete das Motto des Kongresses. Als Ziel wurde formuliert, »aus diesem afrikanischen Kontinent einen freien, glücklichen Kontinent zu machen, erlöst von Furcht und Unruhe und von jeder Kolonialherrschaft«.

Nkrumah hatte 1949 die »Convention People's Party« (CPP) aus der Taufe gehoben, und es mag sein, dass die CPP in vielerlei Hinsicht zum Vorbild für den MNC wurde. Die Partei hatte es verstanden, die wachsende Unzufriedenheit vor allem der städtischen Bevölkerung zu nutzen. Wie sie schickte dann auch die Lumumba-Bewegung 1959 und 1960 Aktivisten aus den Städten in die Dörfer, wo sie die Vorstellungen von einem unabhängigen, geeinten Kongo verbreiteten. Die MNC wurde nun auch in ländlichen Gebieten bekannt, ihre Basis erweiterte sich enorm, vergleichbar durchaus mit der der CPP zuvor: Vor allem Frauen, so erinnerte sich Nkrumah, seien »als Sprachrohre (…) durch unzählige Städte und Dörfer gezogen und waren hauptverantwortlich dafür, dass die Solidarität und der Zusammenhalt der Partei hervorgebracht wurden. (…) Wir hatten Erfolg, weil wir mit den Leuten sprachen.«[45]

Nkrumah selbst war 1945 mit Universitätsabschlüssen in Theologie, Volkswirtschaft, Pädagogik und Philosophie aus den USA nach Manchester zum Panafrikanischen Kongress gekommen, 1950 inhaftiert worden, angeklagt, verantwortlich zu sein für Streiks und Aufstände. Bei Parlamentswahlen in der britischen Kronkolonie 1951 wurde seine Partei mit den Forderungen nach sofortiger Autonomie und Selbstbestimmungsrecht zur stärksten Kraft, er selbst erhielt im Wahlbezirk Accra

98,5 Prozent der Stimmen und kam auf direktem Weg aus dem Kerker auf den Sitz des Regierungschefs. Seit 1952 dann als Premierminister führte er die überhaupt erste Kabinettsregierung von Afrikanern im kolonialen Afrika.

Nkrumah war klar, dass mit der Bildung Ghanas seine eigenen antikolonialen Aktivitäten nicht etwa abgeschlossen sein würden, »ebenso wenig wie die Bemühungen, sein panafrikanisches Unionsideal Wirklichkeit werden zu lassen«[46]. In Lumumba reifte die Erkenntnis, dass ein freier Kongo und ein freies Afrika einander bedingen und die Zeichen darauf stehen, dass die transnationale Unabhängigkeit zu einer historischen Notwendigkeit geworden war.

Er ergriff das Wort in Accra und erklärte, was für ihn die Konferenz offenbart hatte: »Trotz der Grenzen, die uns trennen, trotz der ethnischen Unterschiede haben wir das gleiche Bewusstsein, die gleiche, Tag und Nacht von Unruhe gequälte Seele, die gleichen Sorgen, aus diesem afrikanischen Kontinent einen freien, glücklichen Kontinent zu machen, erlöst von Furcht und Unruhe und von jeder Kolonialherrschaft.«[47] Nkrumah zeigte sich persönlich beeindruckt von der Intelligenz und den Fähigkeiten Lumumbas und wurde zu dessen zukünftig engstem Vertrauten. Lumumba war zum überzeugten Panafrikanisten geworden war und trug seine Vorstellungen in den nationalen Rahmen des Kongo.

Die Konferenz von Accra 1958 gilt als Meilenstein im Vorfeld von 1960, dem »Jahr Afrikas«, als nicht weniger als 17 postkoloniale Staaten entstanden. Nkrumah stieg zur prägenden Persönlichkeit des antikolonialen Umbruchs auf, und die Konferenz vertrat – in Anwesenheit von Befreiungsbewegungen und Gewerkschaften vom ganzen Kontinent sowie Beobachterdelegationen aus den USA, der Sowjetunion, der Volksrepublik China und anderer Staaten – dezidiert die Meinung, dass das Ende der europäischen Kolonialismus nahe sei. Der

Antikolonialismus verband Afrika und reichte ideologisch über den Kontinent hinaus.

Ausdrücklich rief in Accra Sékou Touré »die afro-asiatischen Völker, alle unterentwickelten und nicht entwickelten Länder, alle progressiven und demokratischen Kräfte in der Welt« zur Solidarität auf.[48] Das Rad der Geschichte drehte sich global plötzlich schneller vorwärts – überraschend besonders für das belgische Königshaus, denn auch im Kongo folgte, von Brüssel nicht erwartet, ein turbulentes Jahr der Proteste und Massenbewegungen. Der Ruf nach Unabhängigkeit wurde dermaßen laut, dass die herrschenden Kreise im »Mutterland« sich tatsächlich gezwungen sahen zu reagieren.

In seiner Zeit als Biervertreter hatte der 33-jährige Lumumba auch zu Joseph-Désiré Mobutu (1930-1997) enge Kontakte, einem ehemaligen Sergeant Major (Hauptfeldwebel) der Force Publique und Journalisten, der 1958 der MNC beitrat. Als späterer Alleinherrscher würde er 1972 seinen Namen in Mobutu Sese Seko Kuku Ngbendu wa Zabanga ändern, was so viel bedeutet wie »der Krieger, der von Eroberung zu Eroberung schreitet, ohne Angst zu haben«.

Als sich Lumumba und Mobutu kennenlernten, besuchten sie sich zunächst gegenseitig, freundeten sich an, und am 4. Januar 1959 fuhren sie zusammen auf Mobutus Moped zu einem verbotenen Meeting der Abako im Haus des Christlichen Vereins Junger Männer YMCA, auf dem Kasavubu auftreten sollte. Eine Woche zuvor hatte Lumumba selbst dort gesprochen und vor 7.000 Zuhörern über Accra berichtet. »Es war sein bester öffentlicher Auftritt überhaupt.«[49] Die Menge habe mit flammender Begeisterung reagiert und nach seiner Rede »Dipenda, Dipenda!« skandiert – die Lingala-Version des französischen Wortes »Indépendance«. Unabhängigkeit!

Nun befand sich Lumumba auf dem Sozius von Mobutus Zweirad – und die Lage an ihrer Strecke durch Léopoldville spitzte sich auch wegen eines zeitgleich ausgetragenen Fußballspiels in der Nähe zu. Die Unruhe der Fans und derjenigen, die zur illegalisierten Versammlung wollten, mündete in gewaltsame Auseinandersetzungen, die Armee marschierte auf, schoss mit Tränengas und schließlich mit scharfer Munition. Offizielle Bilanz: 47 Tote und 241 Verletzte. Augenzeugen berichteten gar von hunderten Toten.

Auch Kasavubu wurde verhaftet, seine Partei verboten. Der 4. Januar wurde zum Fanal und zum Beginn einer Reihe von Aufständen, doch schon vorher waren Aufruhr und Widerstand angewachsen, Gewerkschaften entstanden, im Bergbau, bei der Eisenbahn, es kam zu Streiks.

Ende Oktober 1959 wurde dann auch Lumumba nach einem sehr erfolgreichen ersten Kongress der MNC in Stanleyville (Kisangani) verhaftet, zu sechs Monaten Zwangsarbeit verurteilt und ins gefürchtete Untergrundgefängnis von Jadotville (heute: Likasi, Provinz Katanga) verbracht. Der Vorwurf: Er habe antikoloniale Proteste angezettelt, wobei es 30 Tote gegeben hatte. Obwohl er inhaftiert war, gewann die MNC bei den Kommunalwahlen im Dezember eine überzeugende Mehrheit. Der Prozess gegen ihren Anführer fand am 18. Januar 1960 trotzdem statt.

Es war der erste Tag eines »Runden Tisches« in Brüssel, an dem eine kongolesische Delegation mit der belgischen Seite über die Zukunft des Kongo verhandeln sollte, doch fehlte mit dem MNC-Vorsitzenden die unumstrittene Führungspersönlichkeit der Unabhängigkeitsbewegung. Folglich lautete die erste, von der kongolesischen Delegation einhellig als unabdingbar vertretene Forderung in Brüssel: Freilassung von Lumumba!

Nach Misshandlungen hinter Gittern durch fanatisierte, unberechenbare Wärter wurde der Gefangene dann tatsächlich im Januar in die belgische Hauptstadt geflogen, war allerdings noch nicht anwesend, als um das zu verhandelnde Datum der

Unabhängigkeit gesprochen wurde und Termine kursierten. Das Thema war nunmehr nach ganz oben auf der Tagesordnung gerückt, und es wurde schließlich beschlossen: Nationalwahlen sollten durchgeführt werden, der 30. Juni wurde als Tag der Unabhängigwerdung festgelegt.

Noch 1959 hatte das belgische Königreich eine gemächliche, auf Jahrzehnte ausgelegte Übergangsphase ins Auge gefasst – offensichtlich eine Fehlkalkulation. »Denn während die Kolonialmacht Belgien langfristige Pläne – etwa mit dem Bilsen-Plan, der eine Unabhängigkeit des Kongo nach 30 Jahren vorschlug – verfolgte, forderte der Großteil der KongolesInnen eine sofortige und bedingungslose Beendigung der belgischen Fremdherrschaft.«[50]

Lumumba schien geradezu euphorisiert, als er zum Abschluss des »Runden Tisches« das Wort ergriff: »Belgien hat erkannt, welchen Wert wir auf unsere Freiheit und unsere Menschenwürde legen. Es versteht, dass das kongolesische Volk ihr gegenüber nicht unfreundlich [gesonnen] ist, sondern dass es lediglich die Abschaffung des kolonialen Status fordert«, der die Scham des 20. Jahrhunderts sei.[51] Insbesondere betonte er aus diesem Anlass die Notwendigkeit zur Versöhnung und zur Zusammenarbeit von Schwarz und Weiß, die er schon 1956 in seinem Buch unmissverständlich propagiert hatte, als er zugespitzt die Frage formulierte: »Was wäre, wenn die Belgier heute den Kongo verließen? Es wäre der totale Ruin …«.[52]

Im Brüsseler Januar und Februar 1960 schien es nun plötzlich so, als könnte Belgien nicht erwarten, den Kongo in die Zukunft zu entlassen. Nichts war plötzlich wichtiger als ein zeitnaher Termin für die Unabhängigkeit. Die überraschende Eile hätte sicherlich Misstrauen erwecken können, doch andererseits war die kongolesische Delegation froh, dass es so überraschend reibungslos möglich war, einen baldigen Termin für die Unabhängigkeit auszuhandeln.

Inwieweit Lumumba den belgischen Sinneswandel hinterfragte, ist nicht bekannt. Er verhielt sich jedenfalls diplomatisch geschickt, lobte die Belgier ob ihrer Aufgeschlossenheit und spekulierte öffentlich nicht darüber, was sich hinter den Zugeständnissen verbergen könnte. Andere Überlegungen zu den Gründen der Belgier als der wachsende Druck auf sie sind nicht kolportiert, auch nicht die naheliegende Vermutung, dass sich hinter der Eile das Kalkül verbergen könnte, etwa durch einen überstürzten Umbruch und eine sich daraus entwickelnde Chaotisierung der Lage die eigene neokoloniale Herrschaftsfähigkeit zu erhalten. Spekuliert wird schon darüber, dokumentierte Fakten liegen nicht vor, und die Aufarbeitung der Geschichte durch Belgien diesbezüglich lässt bis heute auf sich warten.

Allerdings legen die zum Teil inszenierten Ereignisse nach Ende des Runden Tisches derartige Gedankenspiele nahe und belegen zumindest, dass spätestens in dem Moment, in dem der 30. Juni als finales Datum für die Machtübergabe feststand, konkrete Pläne mit dem Hintergedanken für den gewaltsamen Erhalt der alten Ordnung geschmiedet wurden. In deren Zentrum stand die Demontage des Unabhängigkeitsgedankens, die Sicherung der wirtschaftlichen und administrativen Dominanz und der Einsatz einheimischer Akteure zum Erhalt des politischen Einflusses.

Dazu setzten sowohl Belgien als auch die USA darauf, eine von ihnen gelenkte regierende oder einflussreiche Schicht und Klientel in Kongo in jeder Beziehung schnellstens zu installieren. An Ressourcen hierfür mangelte es nicht, zumal die soziale Diversität und kulturelle Vielfalt des an Ethnien reichen Landes den wohl wichtigsten und zudem realisierbaren Ansatz boten, erfolgreich zu sein. Dass sich entsprechende Pläne gegen die gesamtnationale Konzeption der Lumumba-Bewegung richten mussten, lag für Washington und Brüssel auf der

Hand: Mochten sie auch ökonomisch Rivalen sein, stimmten sie diesbezüglich doch politisch überein. Es ging gegen Lumumba.

Jean-Paul Sartre sagt in seinem Essay von 1963 über das Denken Lumumbas, dass sich »niemand (...) wirklich bemüht (hat), die Ursachen seines Scheiterns zu erhellen und aufzudecken, warum Hochfinanz und Banken sich gegen eine Regierung verschworen haben, deren Chef unermüdlich versicherte, dass sie weder die investierten Kapitalien anrühren werde noch irgendwelche neuen Investitionen fordere.«[53] Das ausländische Kapital als entscheidender Machtfaktor, so Sartres vermutliche Überlegung, habe wenig Grund für Zweifel gehabt, Lumumba nicht in den Griff zu bekommen, weil dieser kein erkennbares antikapitalistisches Konzept vertrat. Lumumba war kein Marxist – insofern mochte Sartre recht haben. Aber er hatte Visionen, in denen auch die Ökonomie bald, und durchaus erkennbar für die Besitzenden, eine zentrale Rolle einnehmen würde.

Offen misstrauisch wurde der MNC-Chef, so Colin Legum, ab etwa Mitte April 1960, als belgische Autoritäten begannen, ihn als Buhmann aufzubauen und als »einen Hitler«[54] zu diffamieren. Legum vermutet, dass Auslöser für diese zunächst auf Provinzebene gestartete Rufmordkampagne die Verärgerung der Kolonialkreise über die ausländische Unterstützung Lumumbas vor allem aus Ghana, Guinea, Ägypten und Syrien sowie indirekt »durch die Kommunisten« gewesen sei.[55]

Lumumba entgegnete darauf mit dem Vorwurf in Richtung Belgien, ihm seinen Willen diktieren zu wollen. Seine Strategie setzte nun darauf, vorrangig die zentralen politischen Fragen – Einigkeit, Zentralismus, Unabhängigkeit – voranzutreiben. Dabei ging er von der These aus, dass die politische Dekolonisierung die Voraussetzungen für die wirtschaftliche und soziale Dekolonisierung sei – ein Irrtum, wie sich schnell herausstellte, und sicherlich wären auch diesbezüglich stärkere Vorbehalte gegenüber der Herangehensweise der Kolonialmacht angebracht gewesen. Diese musste unzweideutig auf Erhalt ihrer Pfründe aus sein, weswegen sie angestrengt nach Auswegen aus ihrer mittlerweile ungünstigen Lage suchte, auf dass ihr die Kontrolle – entgegen der gesellschaftlichen Aufbruchstimmung – nicht entgleiten mochte.

Bei den Kongolesen überdeckte weiterhin der Jubel über die überraschenden Zugeständnisse Brüssels alles Weitere. Direkt nach Ende der Brüsseler Konferenz am 20. Februar 1960 entbrannte der Kampf um politischen Einfluss, Wählerstimmen und Programme. Er verdrängte notwendige längerfristige Konzeptionen und entscheidende Weichenstellungen für die Zukunft.

Die belgische Seite hatte, wenn auch spät, so doch für sie vielleicht noch gerade rechtzeitig, ihre Chancen erkannt: Im Gegensatz zu Lumumba vertrat sie unmissverständlich ökonomische, administrative und auf die Führung von Armee und Gendarmerie zugeschnittene Ziele. Sorgfältig beobachtete sie zudem die wachsenden Widersprüche im gegnerischen Lager, registrierte Rivalitäten, Widersprüche, separatistische Tendenzen und setzte auf Spaltung der heterogenen Bewegungen. Die Noch-Herrschenden waren dazu verdammt, alle Variationen zum eigenen Machterhalt auszuschöpfen, und es blieben dafür nur wenige Monate Zeit.

Doch das galt ebenso für alle anderen Beteiligten und auch für die gesamtkongolesisch ausgerichtete Unabhängigkeitsbewegung und deren Vorhaben, mittelfristig auf politischem Weg einen eigenständigen, von Einheimischen regierten Staat mit lebensfähiger und lebenswerter Perspektive aufzubauen. Die Ausgangsbedingungen dafür erwiesen sich vor allem angesichts der komplizierten historischen, zumal unterschiedlichen Konzepte als schwierig. Das Verständnis der Kolonialisten dafür hielt sich mehr als in Grenzen. Die überkommenen Denkweisen, Tribalismus, Konkurrenzen, Misstrauen waren tief verankert. Für Lumumbas Vorhaben stellte sich die Lage bereits vor den Wahlen und dem 30. Juni nicht unbedingt als hoffnungsvoll dar.

Brüssel zog nach dem ersten Runden Tisch alle Register, um kongolesische Bestrebungen zu torpedieren. Zunächst wurde zu einem weiteren Round Table eingeladen, diesmal zum ökonomischen Status der zukünftigen Republik. Die Konferenz dauerte vom 26. April bis zum 26. Mai 1960. Der Kongo befand sich mitten im Wahlkampf, die Parteiführungen waren beschäftigt, unterschätzten vielleicht auch die Bedeutung, und eine zweitrangig besetzte, unerfahrene kongolesische Delegation ließ sich von den gut geschulten Wirtschaftsexperten Brüssels, den Professoren und Konzernjuristen einwickeln. Es wurde beschlossen, dass auch die umfangreichen Aktienpakete und Firmenanteile von Belgisch-Kongo, die rechtmäßig betrachtet an den neuen Kongo-Staat hätten fallen müssen und für solide Staatsfinanzen außerordentlich nützlich gewesen wären, nunmehr einer belgisch-kongolesischen »Entwicklungsgesellschaft« übertragen werden sollten – ein Modell, das dem belgischen Staat weiterhin die Kontrolle über riesige Werte ermöglichte.

Ergebnis war außerdem, dass den ausländischen Unternehmen freie Wahl gelassen wurde, ob sie nach kongolesischem oder belgischem Recht weitermachen wollten – ein geschickter Schachzug, denn es war absehbar, dass sich die übergroße Zahl für Brüssel als Firmensitz entscheiden würde. Dem Kongo entgingen bei Realisierung dieses Besitzmodells neben der Möglichkeit, auf die Geschäftspolitik Einfluss zu nehmen, beträchtliche Steuereinnahmen. Die Eigentumsverhältnisse blieben generell ausgeklammert.

Lumumba saß in Brüssel nicht mit am Runden Tisch. Er hatte seinen Freund Mobutu als Vertreter des MNC geschickt, den ehemaligen Soldaten und jetzigen Journalisten ohne Wirtschaftskompetenz, der sich plötzlich, wie er selbst später wertete, »mit den größten Haien der belgischen Finanzwirtschaft an einem Tisch« wiederfand: »Ich kam mir vor wie so ein Cowboy aus dem Western, der sich jedes Mal von professionellen Betrügern ausnehmen lässt. Wir diskutierten bis spät in die Nacht, und am nächsten Morgen erfuhren wir, dass das belgische Parlament in der Zwischenzeit Beschlüsse gefasst hatte, die die Verhandlungsergebnisse ungültig machten.« Den Vertretern Belgiens sei es gelungen, den Zugriff der multinationalen Konzerne und der belgischen Kapitalisten auf das kongolesische Portfolio »völlig abzusichern«, so der damals antikolonial gesonnene, offenbar noch nicht ins Ausbeutungssystem eingebundene Mobutu.

Mitte Mai wurde dann Walter Jean Ganshof van der Meersch, ein mit allen Wassern gewaschener Politiker und Diplomat, Jurist und späterer Richter am Europäischen Gerichtshof für Menschenrechte in Strasbourg als belgischer »Sonderminister« eingesetzt. Er sollte – so die offizielle Aufgabe – die »Entlassung« der belgischen Kolonien Burundi, Ruanda und Kongo in die Unabhängigkeit leiten und kontrollieren, aber in Wirklichkeit die für die belgische Kolonialmacht günstigsten Übergangsbedingungen sichern. Zudem verlegte Brüssel bereits für den Fall der Fälle prophylaktisch eigene Soldaten ins Land am Kongo.

Die bevorstehenden Wahlen, die ersten gesamtnationalen überhaupt, sollten Zeichen setzen, zeigten aber in erster Linie, neben dem MNC-Erfolg, die ethnische Zersplitterung einer zerklüfteten Parteienlandschaft. Die Abstimmung war weitgehend von der belgischen Verwaltung organisiert worden, so konnte Brüssel auf Abläufe Einfluss nehmen.

Vor allem aber gehörte es zu Ganshofs Job, die Besetzung der zukünftigen politischen Posten zu regeln und dabei in ständigem engen Kontakt zum jungen belgischen König Baudouin I. zu bleiben. Auch bei der Regierungsbildung, durch die nicht nur personell Weichen gestellt, sondern über die der zukünftige Kurs bestimmt würde, hätte Ganshof das letzte Wort – und das alles noch vor dem 30. Juni, dem für den Kongo historischen Termin. Lumumba kommentierte die für eine selbstbestimmte Politik unschöne Ausgangsbedingung dann auch auf einer Pressekonferenz hörbar angefressen: »Nirgendwo auf der Welt hat man je gesehen, dass die ehemaligen Machthaber Wahlen durchführen, durch die sich ein unabhängiger Staat konstituiert. Das ist einmalig in Afrika. Als Belgien 1830 seine Unabhängigkeit erkämpft hatte, da hatten die Belgier zuerst selbst ihre provisorische Regierung gebildet.«[56]

1830 hatte Belgien seinen Status als von den Niederlanden unabhängiges Königreich »erkämpft«, der Kongo aber war dem Wohlwollen der alten Herrschaft ausgesetzt, was Lumumba ohne eigenes Zutun in die unbehagliche Lage hätte bringen können, vom König der Unterdrücker abgesegnet zu werden oder sonstwie abhängig zu sein.

Am 22. Mai 1960 wurde gewählt. Die Partei Lumumbas gewann mit 33 die meisten Sitze (24,1 Prozent), gefolgt von der kurzlebigen Parti National du Progrès (PNP) mit 22 Sitzen (16,1 Prozent). Kasavubus Abako erreichte zwölf Mandate, Tschombés Conakat acht, der MNC-Kalonji, eine ethnische Abspaltung von der Lumumba-Partei, ebenfalls acht. Es gab keine absolute Mehrheit, eine Koalitionsregierung musste gebildet werden, und Ganshof bemühte sich zunächst erfolglos, eine Regierung ohne Lumumbas MNC zusammenzubringen. Erst nach längerem Zögern und nach Rücksprache mit König Baudouin übertrug er doch dem in Brüssel ganz und gar ungeliebten Lumumba als Vertreter der mit Abstand stärksten Kraft das Mandat zu Sondierungen für eine zukünftige Regierung, um ihn diesen kurz danach mit dem Argument wieder zu entziehen, er habe nichts zustande gebracht. Nunmehr erhielt Kasavubu den Auftrag.

Mit dem Bakongo-Chef an der Spitze versuchte das ethnisch ausgerichtete Minderheitenlager eine Regierung auf die Beine zu stellen. Kasavubus Partei erhöhte den Druck auf die anderen und brachte abermals eine autonome und souveräne Bakongo-Provinz ins Spiel. Diese sollte zwar im Rahmen eines föderalen Kongo existieren, aber doch privilegiert und von eindeutig separatistischer Intention getragen werden.

Lumumba reagierte mit der Drohung, eine »Volksregierung« zu bilden und sie ohne offizielle Zustimmung dem Parlament zur Abstimmung vorzustellen, derweil Kasavubu versuchte, Kandidaten für den Posten des Premiers zu gewinnen, »Freunde, die ähnliche ausländische Unterstützung hatten wie er, darunter Albert Kalonji, Joseph Iléo, Cyrille Adoula und Justin Bomboko«[57]. Ganshof berief schließlich ein Treffen ein, um detaillierter zu verhandeln. Das und weitere Vermittlungsbemühungen scheiterten, weil sich die meisten Parteiführer einer Regierung ohne Lumumba verweigerten. Eine Vertrauensabstimmung würde Kasavubu nicht überstehen, und Ganshof riet nunmehr zähneknirschend dem König, erneut auf Lumumba zu setzen. Daraufhin zeigte sich die Opposition zu Kompromissen bereit.

Ausgehandelt wurde letztlich, dass Lumumba Ministerpräsident werden sollte und Kasavubu Präsident. Es kam nach einigen Turbulenzen im Parlament zur Regierungsbildung einer gesamtnationalen Koalition der MNC mit der Nationalen Fortschrittspartei PNP und anderen. Lumumbas erstes Vorhaben, eine umfassende »Afrikanisierung« der Verwaltung durchzusetzen, wurde von Ganshof mit der Begründung blockiert, diese würde zu einer »Ineffizienz in der kongolesischen Bürokratie«[58] führen und eine Massenflucht unter belgischen Beamten auslösen.

Die Uhr lief, der 30. Juni rückte näher, es war zu spät dafür geworden, noch vor der Erklärung der Unabhängigkeit die

Verwaltung zu übernehmen, und schließlich lehnten die Belgier auch Lumumbas Vorschlag ab, für die vielen Kongolesen in den Gefängnissen eine Amnestie oder Haftverkürzung zu verfügen. Sicherheit und Ordnung seien dadurch gefährdet, lautete diesmal Ganshofs Begründung.

Lumumba konterte: Wenn schon die ersten Erfolge fehlten, dann sollte es wenigstens eine Geste des guten Willens zum Indépendance-Fest geben – ein weiterer vergeblicher Versuch, sich durchzusetzen und doch noch vor dem 30. Juni zu punkten. Er hatte schon Jahre zuvor die ungerechte, ausschließlich von Belgiern ausgeführte Rechtsprechung kritisiert: »Die Erfahrung zeigt, dass extrem lange Gefängnisstrafen (gegen Schwarze) verfügt werden, die für eine Wiedereingliederung der Gefangenen keinerlei Sinn ergeben.«[59] Vor der »Ankunft der Europäer« im 19. Jahrhundert sei niemand je langzeitig oder gar lebenslänglich inhaftiert worden. Täter wurden zügig bestraft, »und diese alten Methoden hatten einen größeren Effekt als die europäischen Methoden«[60].

Das gesamte Justizwesen beruhte auf rassistischen Regelungen, und auch hier gedachten die Weißen, ihre Praxis beizubehalten. Ganshofs Schikanen verdeutlichten: Lumumbas Macht endete an den alten Strukturen und war zudem lediglich parlamentarisch basiert, was die Möglichkeiten, Druck auf die Fortschrittsblockierer zu entwickeln, einschränkte. Kasavubu jedoch hatte im Vorfeld seiner Präsidentschaft bewiesen, dass er durchaus dazu in der Lage war, mit seinem Bas-Kongo-Projekt, der ihm verbundenen Basis und mit Hilfe der anderen separatistischen Kräfte in wichtigen Provinzen Einfluss zu nehmen. Doch noch akzeptierte Belgien das Wahlergebnis – noch. Der belgische Generalgouverneur Hendrik Cornelis räumte seine Residenz in Léopoldville und Lumumba bezog sie.

Während der Unabhängigkeitsfeier dann wurden die bis dahin leidlich kaschierten Widersprüche zwischen kontroversen Zukunftsprojektionen offenbar. Im Anschluss kümmerte sich Belgien auch nicht mehr um die Ergebnisse der Wahlen und irgendwelche demokratischen Regeln, sondern fuhr seinen eigenen Kurs – einen harten, unter militärischem Einsatz von Interventionstruppen. Der Verlauf des 30. Juni enthüllte, dass der finale Kampf um den Charakter der »Indépendance« unvermeidlich geworden war. Neokolonialismus oder Eigenständigkeit verhielten sich antagonistisch zueinander. Der König formulierte seine Position, Lumumba die seine. Beide machten deutlich, worum es im Kern ging, und der Verlauf jenes historischen Tages in Léopoldville würde es wie wohl keine Unabhängigkeitszeremonie irgendwo zuvor offenbaren.

Der vorgesehene Donnerstag war angebrochen, der König aus Belgien angereist, aufrecht stehend und gekleidet in weiße Galauniform fuhr er, mit Kasavubu links neben sich, in offener Limousine durch die Stadt, salutierte den Soldaten der angetretenen Force Publique, passierte ein Menschenspalier, als ein Mann neben ihm auftauchte, ihm seinen königlichen Degen entwendete und diesen triumphierend schwenkte: ein Symbol belgischer Herrschaft in den Händen eines Schwarzen – ein Eklat. Sofort hieß es, der Mann sei nicht ganz richtig im Kopf. Der Vorfall wurde zwar weitgehend belächelt, manche fanden ihn lustig und waren schadenfroh, andere taten ihn ab, aber letztlich konnte er doch auch als schlechtes Omen gewertet werden. Der König selbst zumindest zeigte sich wenig amüsiert.

Beim Festakt in der großen Rotunde des Palastes der Nation, seit kurzem Sitz des Parlaments, hielt Baudouin I. in Anwesenheit von viel Prominenz eine Rede, die klang, als habe er vom Aufbruch seiner ehemaligen Untertanen nichts mitbekommen. Sie schien »eher im Jahr 1900 als im Jahr 1960 geschrieben zu sein«[61]. Der oberste Repräsentant Belgiens nahm darin eine vollkommene Legitimation der Kolonisierung als historisch großartige Tat vor und huldigte in einer regelrechten Apologie König Léopold II.

Es musste in den Ohren der kongolesischen Bevölkerung wie ein inszenierter Hohn klingen, wie eine Beschimpfung des Andenkens an die Millionen Menschen, die durch die terroristische Politik des Monarchen, Baudouins Urgroßonkel, umgebracht worden waren, Verwandte, Freunde, Bekannte, Väter, Mütter, Schwestern und Brüder.

Dem Publikum im Palast, aber vor allem den ob der königlichen Dreistigkeit staunenden Hunderttausenden an den Radios lauschenden Menschen präsentierte der junge König unverzagt die elitäre Weltsicht der Vergangenheit: »Die Unabhängigkeit des Kongo stellt den Höhepunkt des Werkes dar, welches vom Genie König Léopolds II. entworfen, von ihm mit zähem Mut umgesetzt und schließlich von Belgien mit Ausdauer fortgesetzt wurde.«[62]

Baudouin verzichtete auch nicht auf die Erläuterung, was das »Mutterland« unter »Unabhängigkeit« verstand: An der neuen Regierung des Kongo sei es, »zu beweisen, dass wir recht daran taten, Ihnen zu vertrauen«. Und fuhr drohend fort: »Gefährden Sie die Zukunft nicht mit übereilten Reformen und ersetzen Sie nicht die Strukturen, die Belgien Ihnen übergibt, bis Sie sicher sind, dass Sie es besser machen können. Scheuen Sie sich nicht, auf uns zuzukommen. Wir bleiben an Ihrer Seite, geben Ihnen Ratschläge.«[63]

Auf seine Ausführungen folgte eine gestenreiche und verbale Verbeugung vor Baudouin, dem er zuvor mit Handschlag für dessen Rede gedankt hatte, vorgenommen von Präsident Kasavubu inklusive Danksagung an den König und Adresse an Gott: »In tiefster Demut habe ich zu Gott gebetet, er möge unser Volk schützen und all seinen Regierenden leuchten.« Verzichtend auf jegliche antikoloniale Tendenz, die ihn als Abako-Chef populär gemacht hatte, taktierte das frischgebackene Staatsoberhaupt, nahm sich komplett zurück, lobte und pries die Zusammenarbeit mit den Kolonialisten und folgte dabei weitgehend dem Originalmanuskript: Jean Cordy, der belgische Kabinettschef von Generalgouverneur Cornelis, verfasste es extra für ihn und speziell für diesen Auftritt, ein Ghostwriter der besonderen Art.

Lumumba hatte dessen Text vorher kurz überflogen, mehr Zeit blieb nicht, und nur den Kopf geschüttelt. Nun brach er aus dem vorgesehenen Protokoll aus, nahm sich das Mikrofon, obwohl ein Beitrag seinerseits nicht vorgesehen war. Also redete er und stellte nicht nur das Geschichtsbild des Königs vom Kopf der Vergangenheit auf die Füße der Gegenwart, sondern rückte auch die anbiedernden, unterwürfigen Signale, die der Präsident ausgesandt hatte, gerade.

»Wir haben den Spott kennengelernt, die Beleidigungen, die Schläge, die wir morgens, mittags und abends ertragen mussten, weil wir Neger waren. Wer wird vergessen, dass man zu Schwarzen ›du‹ sagte, aber nicht wie bei einem Freund, sondern weil das ehrenwerte ›Sie‹ ausschließlich den Weißen vorbehalten war?« Nunmehr werde die Regierung die Güter des Landes kontrollieren und sie im Auge behalten, »um sicherzustellen, dass sie tatsächlich ihren Kinder zugutekommen«. (vgl. Rede Kap. III)

Sein gerade einmal zwölfminütiger Auftritt ging in die Geschichte ein, vergleichbar mit den berühmten Verteidigungsreden Fidel Castros 1953 vor Gericht in Havanna (»Die Geschichte wird mich freisprechen«) und Nelson Mandelas 1964 im Rivonia-Prozess (»Ich bin vorbereitet zu sterben«).

In Léo fühlte sich der König von Lumumbas Abrechnung persönlich beleidigt, wollte sofort abreisen und blieb dann doch bis zum Ende des Festdinners – nach Zureden belgischer Minister. In den Städten und Dörfern, in den Kneipen und Unterkünften aber wurde vier Tage lang gefeiert und Lumumba bejubelt.

Nachtrag

Der »Indépendance Cha Cha« war der Tanz des Jahres, ein Song von Joseph Kabasele (Künstlername Le Grand Kallé) von der Gruppe L'African Jazz. Das Lied entstand während des wegweisenden Runden Tisches in Brüssel, Januar 1960, und wurde zum ersten musikalischen panafrikanischen Kulturereignis, das Afrika während des gesamten Jahres begleitete. Instrumente und Rhythmen der afrikanischen Diaspora und der kubanische Rumba kamen in Brüssel in dieser Kombination das erste Mal zum Einsatz, produziert zuvor ebendort in einem Studio zusammen mit den Liedern »Table Ronde« und »Vive Patrice Lumumba«. Der Text des Liedes rief zur Einheit zwischen den verschiedenen Fraktionen und prominenten Persönlichkeiten der Nationalbewegung im Kongo auf.

Der Song wurde von *Radio Congo Belge* in ganz Afrika ausgestrahlt und zu einem Gassenhauer, in dem sich die Aufbruchsstimmung auf dem Kontinent wiederfand – auch mehr als zwei Jahre später noch, als am 1. Juli 1962 Ruanda von Belgien unabhängig wurde. »Indépendance Cha Cha« – ein Lied der Hoffnung, die nicht lange halten sollte.

Indépendance cha-cha, tozoui e
Oh! Kimpwanza cha-cha, tubakidi
Oh! Table Ronde cha-cha, ba gagné o
Oh! Dipanda cha-cha tozoui e

(Unabhängigkeit cha-cha, wir haben sie uns genommen
Oh! Unabhängigkeit cha-cha, wir haben es geschafft
Oh! Runder-Tisch cha-cha, wir haben es geschafft
Oh! Unabhängigkeit cha-cha, wir haben gewonnen).[64]

(Songschreiber: Jef Deboeck / Oscar Saintal / Tshamala Kabasele)

III.
Glanzstück des Antikolonialismus

Im Wortlaut: Die historische Rede Lumumbas am Tag der kongolesischen Unabhängigkeit*

Léopoldville, 30.6.1960

**Kongolesen und Kongolesinnen,
Kämpfer für die heute siegreiche Unabhängigkeit,**

ich grüße Sie im Namen der kongolesischen Regierung. An euch alle, meine Freunde, die ihr ohne Nachlassen an unserer Seite gekämpft habt, richte ich die Bitte, aus diesem 30. Juni 1960 ein vielgerühmtes Datum zu machen, das ihr für immer unauslöschlich in eurem Herzen bewahren möget; ein Datum, dessen Bedeutung ihr mit Stolz euren Kindern weitergeben werdet, damit diese wiederum auf ihre Art ihre Kinder und Enkelkinder mit der ruhmreichen Geschichte unseres Kampfes für die Freiheit vertraut machen.

Denn obwohl wir diese Unabhängigkeit des Kongo heute im Einvernehmen mit Belgien proklamieren, einem befreundeten Land, mit dem wir von gleich zu gleich verkehren, wird doch kein Kongolese, der diesen Namen verdient, je vergessen können, dass sie erobert wurde *(Beifall)* – erobert in einem Kampf Tag für Tag, einem Kampf leidenschaftlich und idealistisch,

---

* africanlegends.files.wordpress.com; Übertragung ins Deutsche nach dem französischen Original durch den Autoren.

einem Kampf, in dem wir weder Entbehrungen und Leiden gescheut, weder unsere Kraft noch unser Blut geschont haben.

Dieser Kampf aus Tränen, Feuer und Blut war edel und gerecht. Auf ihn sind wir stolz bis ins tiefste Innere unseres Selbst. Er war unverzichtbar, um der demütigenden Sklaverei ein Ende zu setzen, die uns gewaltsam aufgezwungen wurde.

Das war unser Schicksal in 80 Jahren der Kolonialherrschaft, und unsere Wunden sind noch zu frisch und zu schmerzhaft, als dass wir sie aus unserem Gedächtnis verjagen könnten. Wir haben bis zur völligen Erschöpfung gearbeitet für eine Bezahlung, die es uns nicht einmal erlaubte, unseren Hunger zu stillen, uns angemessen zu kleiden, anständig zu leben und unsere Kinder als von uns geliebte Wesen aufzuziehen.

Wir haben den Spott kennengelernt, die Beleidigungen, die Schläge, die wir morgens, mittags und abends ertragen mussten, weil wir Neger waren. Wer wird vergessen, dass man zu Schwarzen »du« sagte, aber nicht wie bei einem Freund, sondern weil das ehrenwerte »Sie« ausschließlich den Weißen vorbehalten war?

Wir haben erfahren müssen, wie uns unser Land gestohlen wurde, vorgeblich legal mittels Dokumenten, die nichts anderes als das Recht des Stärkeren ausmachten.

Wir lernten, dass es keine für alle gleiche Rechte gab, sondern sie je nachdem angewandt wurden, ob es sich um einen Weißen oder einen Schwarzen handelte – für die einen zuvorkommend, für die anderen grausam und unmenschlich.

Wir haben die furchtbaren Leiden der Verbannten kennengelernt, die wegen ihrer politischen Meinungen oder religiösen Überzeugungen aus ihrer Heimat vertrieben wurden. Ihr Schicksal dort war wirklich schlimmer als selbst der Tod.

Wir haben gewusst, dass es in den Städten prächtige Häuser für die Weißen gab – und brüchige Strohhütten für Schwarze. Sie durften die »europäisch« genannten Geschäfte, Restaurants,

Kinos nicht betreten. Wenn ein Schwarzer reiste, dann unter Deck auf dem Schiffsrumpf, über sich den Weißen in dessen Luxuskabine.

Wer wird schließlich jene Schießereien vergessen, in denen so viele unserer Brüder umkamen, oder die Kerker, in denen brutal diejenigen geworfen wurden, die sich nicht mehr dem Regime einer Unterdrückungs- und Ausbeutungsjustiz unterwerfen wollten! *(Beifall)*

Unter all dem, meine Brüder, haben wir unsäglich gelitten. Aber nach all dem haben wir, die durch eure Stimmen gewählten Vertreter, auch das Recht erhalten, unser geschätztes Land selbst zu leiten; wir, die das Leid an unseren eigenen Körpern erfuhren und die kolonialistische Unterdrückung im Herzen tragen – wir sagen es euch ganz laut: All das ist nunmehr vorbei.

Die Republik Kongo ist ausgerufen, und unser geliebtes Land ist nun in den Händen seiner eigenen Kinder.

Gemeinsam, meine Brüder, meine Schwestern, werden wir einen neuen Kampf beginnen, einen erhabenen Kampf, der unser Land zu Frieden, Wohlstand und Größe führen wird. Gemeinsam werden wir soziale Gerechtigkeit verwirklichen und sicherstellen, dass jeder auch einen fairen Lohn für seine Arbeit erhält. *(Beifall)*

Wir werden der Welt zeigen, was der Schwarze schaffen kann, wenn er in Freiheit arbeitet, und wir werden mit dem, was wir im Kongo erreichen, Einfluss nehmen auf ganz Afrika. Wir werden dafür sorgen, dass die Äcker und Wälder unserer Heimat tatsächlich ihren Kindern zugutekommen. Alle Gesetze von früher werden überprüft und neue, gerechte werden verabschiedet.

Wir werden Schluss machen mit der Unterdrückung der Meinungsfreiheit und durchsetzen, dass alle Bürger vollständig in den Genuss der Freiheitsrechte gelangen, wie es in der Erklärung der Menschenrechte vorgesehen ist. *(Beifall)*

Diskriminierung jeder Art wird beendet, und ein jeder erhält den Platz, der ihm gemäß seiner Menschenwürde, seiner Arbeit und seiner Hingabe für unser Land zusteht.

Der Frieden, der in unserem Land herrschen soll, wird nicht mit Gewehren und Bajonetten gesichert, sondern wächst aus den Herzen und aus dem guten Willen der Menschen. *(Beifall)*

Und bei alldem, liebe Landsleute, seid sicher, dass wir nicht nur auf unsere enormen Stärken und unseren immensen Reichtum zählen können, sondern auch auf die Unterstützung vieler Länder; deren Zusammenarbeit werden wir annehmen, wann immer sie ehrlich gemeint ist, und man nicht versucht, uns eine Politik, wie auch immer, aufzuzwingen. *(Beifall)*

Diesbezüglich hat Belgien endlich den Lauf der Geschichte verstanden und versucht nicht, sich unserer Unabhängigkeit zu widersetzen. Es ist dazu bereit, uns durch Hilfe und in Freundschaft zu unterstützen. In diesem Sinne wurde zwischen unseren beiden gleichrangigen und unabhängigen Ländern ein Vertrag unterzeichnet. Diese Zusammenarbeit, da bin ich sicher, wird vorteilhaft für beide Seiten sein. Unsererseits werden wir zwar wachsam bleiben, aber mit Sicherheit die freiwillig eingegangenen Verpflichtungen einhalten.

Nach Innen wie nach Außen wird der neue Kongo, unsere geschätzte Republik, die meine Regierung errichten wird, ein reiches, freies und prosperierendes Land sein. Um dieses Ziel ohne Verzögerung erreichen zu können, bitte ich euch, kongolesische Abgeordnete und Bürger, mich mit eurer ganzen Kraft zu unterstützen.

Ich bitte euch, jegliche Stammesquerelen hinter euch zu lassen, die uns nur schwächen und die in sich das Risiko bergen, vom Ausland verachtet zu werden. Ich bitte die Minderheit im Parlament, meine Regierung durch eine konstruktive Oppositionsarbeit zu unterstützen und strikt legal und demokratisch zu agieren.

An alle richte ich die Bitte, vor keinem Opfer zurückzuschrecken, damit wir unser großartiges Vorhaben verwirklichen können. Schließlich bitte ich euch, bedingungslos Leben, Hab und Gut eurer Mitbürger und das der Ausländer, die sich in unserem Land niedergelassen haben, zu respektieren.

Falls das Verhalten der Ausländer zu wünschen übrig lässt, wird unsere Justiz sie umgehend der Republik verweisen. Wenn sie sich jedoch angemessen verhalten, muss man sie in Ruhe lassen, denn schließlich arbeiten auch sie für den Wohlstand unseres Landes.

Die Unabhängigkeit des Kongo markiert einen entscheidenden Schritt zur Befreiung des gesamten afrikanischen Kontinents. *(Beifall)*

Majestät, Exzellenzen, meine Damen, meine Herren, meine lieben Mitstreiter, Landsleute, meine Brüder im Kampf – das war es, was ich Ihnen im Namen der Regierung sagen wollte an diesem wunderschönen Tag unserer vollständigen und souveränen Unabhängigkeit.

Unsere starke, nationale und volksnahe Regierung steht für das Wohl des Volkes. Ich lade alle kongolesischen Bürger, Männer, Frauen und Kinder, ein, sich entschlossen ans Werk zu machen, eine blühende Wirtschaft zu schaffen, die unsere ökonomische Unabhängigkeit begründet.

Ehre den Kämpfern für die nationale Freiheit!
Es leben die Unabhängigkeit und die afrikanische Einheit!
Es lebe der unabhängige und souveräne Kongo!
(lang anhaltender Beifall)

IV.
Das Ende der Hoffnung

Ermordet und zerstückelt: Die Rache Belgiens und der USA an Patrice Lumumba und seinen Gefährten

> »Es galt, um jeden Preis die wahren nationalistischen Anführer zu beseitigen, um die ›Macht‹ auf präparierte ›Eliten‹ übertragen zu können, die die Kolonialherren in den Sattel gehoben hatten und kontrollierten.«
>
> *Jean Ziegler*[65]

> »Tatsächlich war seine Rhetorik bis zum Ende seine wirksamste Waffe. Weil seine Gegner die Zündkraft seiner Rede fürchteten, sahen sie keinen Ausweg als seine Beseitigung. Sie machten ihn im wahrsten Sinne des Wortes ›mundtot‹.«
>
> *Peter Scholl-Latour*[66]

Das Risiko war Lumumba bewusst gewesen, aber er musste einfach sagen, was zu sagen war an jenem historischen 30. Juni 1960, diesem »wunderschönen Tag unserer vollständigen und souveränen Unabhängigkeit«, wie er es in seiner Rede euphorisch formuliert hatte.

Indem er seinen Willen offen kundtat, den Weg in eine tatsächliche antikoloniale Freiheit gehen zu wollen, hatte er zumindest seine Landsleute begeistert – und zugleich all jene in Alarmstimmung versetzt, die das Gegenteil anstrebten. Diese nahmen ab dann keine Rücksicht mehr auf ihre bisherigen taktischen Überlegungen; auf das Wahlergebnis vom 20. Mai, auf die Zusagen, den Kongo kooperativ in die Unabhängigkeit zu entlassen, und gingen in die Phase einer direkten, allumfassenden Konfrontation über.

Hätte Patrice Lumumba im Interesse des großen Ganzen lieber auf seine Rede verzichten sollen oder sie, wenn er sich schon veranlasst sah, das Wort zu ergreifen, dann doch eher im unverbindlichen Stil des Opportunisten Kasavubu?

Im Blick zurück wird die Frage hier und da positiv beantwortet. Ja, er hätte … David Van Reybrouck beispielsweise, der für sein Kongo-Buch Augenzeugen aus jenen Tagen interviewte, kommt – auch angesichts der seit Jahrzehnten anhaltenden kongolesischen Tragödie – zu der Auffassung, dass das »Timing denkbar unglücklich« gewesen sei für eine Ansprache, die man als »Schlüsseltext zur Entkolonisierung Afrikas« lesen könnte. Lumumba habe, »verblendet durch die Romantik des Panafrikanismus«, vergessen, »dass er, der doch der größte Verfechter der Einheit des Kongo war, dass er sein Land an diesem ersten Tag der Autonomie vor allem versöhnen musste und nicht spalten durfte«[67].

Die Darstellung von Historischem lässt immer auch Rückschlüsse auf die Sichtweise des Betrachters zu. In diesem Fall entscheidet er zuungunsten Lumumbas, indem er mit dem angeblich falsch gewählten Zeitpunkt argumentiert. Wann aber ist die Zeit reif zu widersprechen? Darf geschwiegen werden, wenn die Lüge zur Wahrheit erklärt wird und alle wohlfeilen Bekundungen und Versprechen widerrufen werden? Anders konnte die fürchterliche Rede des Königs schließlich nicht gewertet werden.

Warum hatte Baudouin an jenem Tag, als er die Unabhängigkeit des Kongo hätte vorbehaltlos anerkennen müssen, seine Vorfahren, die das Land bis aufs Blut gemartert und ausgeplündert hatten, nicht nur von jeglicher Schuld reingewaschen, sondern Léopold II. mythisiert, zum Vater der Nation erklärt und drohend die Kolonialmacht Belgien zum zukünftigen Paten des afrikanischen Landes? Warum hatte er demonstrativ die überholte, böse Attitüde eines ewig bevormundenden Patriarchen eingenommen und damit seine eigene Vorstellung von der kongolesischen Perspektive verkündet?

Lassen sich neokoloniale Ansprüche versöhnen mit dem Willen, sich als Nation von einer ausländischen Macht zu emanzipieren? Die harschen Reaktionen in der gesamten westlichen Welt – mit Ausnahme der antikolonialen Stimmen, die es auch dort gab – auf Lumumbas Rede verdeutlichten deren Alternativlosigkeit.

Bis zum 30. Juni hatte trotz der Doppelherrschaft – das Alte noch an den Hebeln der Macht, das Neue politisch in Amt und Würden – und trotz aller Schikanen bei der Konsolidierung des neuen Landes, trotz Gängelungen und Blockaden noch manches auf einen friedlichen Übergang hingedeutet, zumal in den verbalen Beteuerungen der Kolonialmacht. Doch urplötzlich nahm der König die überkommene Haltung seiner Ahnen an und präsentierte, wie von Siegern üblich, deren Version von Vergangenheit und Zukunft. Sie war das Gegenteil von dem, was Lumumba selbst erfahren – und erst recht dessen, was die Bevölkerung des Kongo und ganz Afrikas durchlebt hatte. Indem Lumumba die Geschichte geraderückte und für die Unterdrückten vereinnahmte, enttarnte er zugleich die Camouflage, die Belgien im zurückliegenden halben Jahr betrieben hatte und offensichtlich zu verewigen gedachte.

Baudouin, der in seiner palastlichen Herrschaftsblase nichts verstanden hatte, zeigte sich indes erbost. »Westliche Medien und Führer geißelten die Rede, erwähnten aber nicht die beleidigenden Worte des belgischen Königs. In diesen Kreisen wurde Lumumbas Rede zum Hauptbeweisstück für ›geistige Instabilität‹, ›Emotionalismus‹, ›kommunistische Neigungen‹ und weitere negative Dinge herangezogen.«[68] Die Unterstellung, Lumumba sei »Kommunist« ließ sich nunmehr unschwer als zentraler Vorwurf einer Hetzkampagne gegen ihn erkennen. Die Messages der Kolonialisten wurden in permanent gesendeten Radiospots verbreitet, und mancher ihrer Urheber bereitete handfestere Methoden vor, seine ausgeprägten Interessen zu wahren.

Das Kartenblatt lag spätestens an jenem letzten Junitag des Jahres 1960 offen auf dem Tisch. Jeder konnte sehen, dass in dem Spiel, das nun ernst geworden war, über eine zukünftig antikoloniale Gesellschaft entschieden wurde. Lumumbas zwei Trümpfe bestanden aus seinen Zielen und seiner moralisch integren, politisch vitalen Persönlichkeit. Ihr war zuzutrauen, das unmöglich Scheinende möglich zu machen.

Nach der Rede machten sich folglich nicht nur die belgischen Konzerne und Banken, die die rechtmäßigen Besitzer der kongolesischen Reichtümer Monate zuvor übers Ohr gehauen hatten, richtig Sorgen ob der Haltbarkeit ihrer Vereinbarungen mit den kongolesischen Verhandlern. Viele Weiße im Kongo hatten zudem registriert, dass die belgophobe Stimmung im Land zugenommen hatte und vereinzelt Meinungen zu hören waren, die von Enteignung und Vertreibung handelten. In der weißen Bevölkerung, etwa 110.000 Menschen, war zudem, befördert durch Medien und Politik und der eigenen Unfähigkeit, die Emanzipierung der Unterdrückten zu akzeptieren, die Skepsis gegenüber Lumumba schon vor dem 30. Juni latent. Man misstraute ihm und fürchtete um Besitztümer trotz dessen klaren Bekenntnisses zur Zusammenarbeit.

Zudem hatte der Jubel der Bevölkerung über die Klarheit und den Mut von Lumumbas Auftritt auf dessen direkte innerkongolesische Rivalen verstörend gewirkt. Sein ohnehin bereits allgemein hohes öffentliches Ansehen war weiter gewachsen, seine separatistisch ausgerichteten Konkurrenten im noch jungen Politikgeschäft fühlten sich umso mehr provoziert, fürchteten um Einfluss und Pfründe und gerieten ins Grübeln ob ihrer zukünftigen Rolle.

Letztlich brachte die Kritik an Lumumba die verschiedenen Kritikerlager einander näher und einte sie auf Grundlage anti-lumumbistischer Positionen. Die zerstörerischen Folgen für den Kongo schienen deren Protagonisten, fixiert auf ihre eigenen Interessen, nicht besonders zu tangieren. Und dass es zur Zuspitzung der Kontroversen kommen musste, lag in deren Natur: Versöhnung mit Unversöhnlichem kann nicht funktionieren, und die Ziele beider Seiten waren unvereinbar.

Für die kongolesische Bevölkerung ging es zuallererst um die selbstbestimmte Befreiung des Landes von kolonialer Bevormundung, und Belgien und auch die USA waren nicht willens, es tatsächlich zu akzeptieren. Das Feld für die Geheimdienste war bereitet und wurde nach dem 30. Juni umgehend bestellt.

Jahrzehnte später enthüllt der Untersuchungsbericht zum Tod Lumumbas einer unter öffentlichem Druck 2001 eingesetzten belgischen Kommission die Einrichtung eines »Geheimetats« in Höhe von umgerechnet 6,69 Millionen Euro. Dieser sei zudem durch private Spenden noch aufgestockt worden. Die Gelder flossen in eine »Destabilisierungskampagne und in geheime Aktionen: Waffenlieferungen, operative Hilfe bei der Verhaftung Lumumbas, Vorbereitung eines Attentats auf ihn und dergleichen mehr«. Zitiert werden darin auch die Äußerungen des damaligen Außenministers Pierre Wigny, Lumumba müsse »unschädlich gemacht werden«, und des Ministers für Afrikanische Angelegenheiten, Graf Harold Charles d'Aspremont Lynden, der in einem Telex vom 6. Oktober 1960 »die endgültige Ausschaltung« des unter Hausarrest stehenden Lumumba wünscht.[69]

Der Masterplan für eine feindliche Übernahme des Kongo war bereits älteren Datums, nur dass ursprünglich statt Belgien

Großbritannien Partner der USA gewesen war. Unter dem Namen »Operation Ajax« war er 1953 erfolgreich im Iran durchexerziert worden, als dessen kurz zuvor demokratisch gewählter Ministerpräsident Mohammed Mossadegh gestürzt wurde. Er war britischen und US-amerikanischen Konzernen in die Quere gekommen, als er es gewagt hatte, die Anglo-Iranian Oil Company (heute Britisch Petroleum) zu verstaatlichen. Der folgende Militärputsch war von der britischen Regierung angeregt und von der CIA umgesetzt worden. Vorbereitung und Durchführung sind inzwischen auf der Website der Nichtregierungsorganisation National Security Archive nachzulesen.

Nachdem bereits die französische Kolonialmacht gegen das Vietnam von Hồ Chí Minh 1945 und Ben Bellas Algerien nach ähnlichem Muster versucht hatte, ihren Einfluss zu verteidigen, gilt das skrupellose, bis ins Detail ausgeklügelte Vorgehen Washingtons gegen den Iran als Vorlage für den gesamten »Trikont«. Ähnliche Pläne der CIA wurden unter anderem in Guatemala, Indonesien, Argentinien, Chile und eben im Kongo umgesetzt.

Dort arbeiteten die Agenten eng mit belgischen Verantwortlichen zusammen. Brüssel hatte zunächst die Federführung wie im Iran London, das als erste Maßnahme gegen die Verstaatlichung der Ölindustrie zunächst alle britischen Spezialisten zurückgerufen hatte. Kriegsschiffe Großbritanniens brachten mehrfach Tanker neutraler Staaten auf und blockierten iranische Häfen, um den Ölexport zu verhindern. Ein Waffenembargo wurde verfügt. Die Maßnahmen reichten allerdings nicht zum Sturz Mossadeghs.

Die USA mit dem seit Anfang 1953 regierenden Präsidenten Dwight D. Eisenhower, der sieben Jahre später auch den Mord an Lumumba anordnete, verdoppelten ihr Botschaftspersonal, verstärkten ad hoc das Agentennetz, das Budget für Bestechungsgelder wurde, getarnt als »landwirtschaftliche

Hilfe«, verzehnfacht, als Putschtermin wurde der 16. August festgelegt. Massendemonstrationen verhinderten zunächst den Sturz Mossadeghs, und der Schah als designierter Nachfolger floh aus dem Land. Der US-Botschafter verlangte zur »Wiederherstellung der Ordnung« ein Ende der Straßenproteste, es kam zu Unruhen, das Wohnhaus von Mossadegh wurde angegriffen, der Premier inhaftiert, Kabinettssitzungen wurden verhindert.

Die nordamerikanische Eskalationsstrategie, mittels einer inszenierten Krise die Verhältnisse umzukehren, hatte funktioniert. Der Premier verbrachte den Rest seines Lebens im Hausarrest. Der Schah kehrte zurück und regierte mit Hilfe des von ihm gegründeten Geheimdienstes SAVAK als enger Verbündeter der USA, Israels und Großbritanniens. Seine Terrorherrschaft hielt über zwei Jahrzehnte. Das Öl wurde in einem Konsortiumsvertrag neu aufgeteilt: Londons Anteil sank auf 40 Prozent, fünf US-amerikanische Ölgesellschaften stiegen mit zusammen ebenfalls 40 Prozent ein, die Royal Dutch Shell erhielt 14 Prozent, das französische TotalEnergies sechs.

Insgesamt liest sich das, was nach dem 30. Juni im Kongo an belgischen und US-amerikanischen Aktivitäten durchgeführt wurde, wie eine Aneinanderreihung von Sabotagemaßnahmen zur Zerstörung jeglicher antikolonialer Initiative. Dazu wurden alle nur denkbaren Mittel und Institutionen, involvierte Geheimdienste, alle möglichen Kräfte national wie international eingesetzt. Die Handlung könnte aus dem dramaturgisch geschickt angelegten Drehbuch zu einem Katastrophenfilm stammen, in dem sich der Schrecken ständig steigert und das Böse schließlich zum guten Schluss vernichtet wird. Sie spielt zwischen dem 1. Juli 1960 und 17. Januar 1961 und wird zu einer Tragödie von historischer Dimension. In deren Zentrum steht das Scheitern von Lumumbas Versuch, die Kolonialgeschichte zu beenden.

Vier Tage dauerten die Feiern zur Unabhängigkeit, von Donnerstag bis Sonntag. Der Premier saß jeden Morgen um sieben Uhr am Schreibtisch seines Amtssitzes. Dort stellte er zusammen mit seinen Assistenten den Zeitplan für den Tag auf und beantwortete die Korrespondenz. Danach empfing er jeweils Diplomaten, Geschäftsleute, Spender, Bittsteller, Sachverständige, hielt Sitzungen ab und bereitete erste politische Maßnahmen vor. Am 3. Juli verkündete er eine Generalamnestie für Gefangene, die dann nie umgesetzt wurde, weil es die Verhältnisse schon nicht mehr zuließen. Es blieb keine Zeit zum Durchatmen, und bereits am 4. Juli sah sich Lumumba mit Unruhen konfrontiert, die von der Force Publique ausgingen und damit ausgerechnet von Kräften, die von dem neuen Status des Landes hätten profitieren sollen.

In der Hauptstadt-Kaserne »Léopold II.« verweigerten Soldaten die Ausführung der Befehle ihrer weißen Vorgesetzten. Der Oberbefehlshaber, General Émile Janssens, degradierte einige von ihnen – wie bei ähnlichen Vorfällen in der Vergangenheit üblich. Doch diesmal, in den neuen historischen Zusammenhängen, disziplinierten die Sanktionen nicht, sondern steigerten im Gegenteil die Unruhe.

Mit der Unabhängigkeit verband sich für die Truppe die Hoffnung, ihre eigene Position in den Streitkräften würde sich schnell verbessern, es würde massenhaft zu Beförderungen und Solderhöhungen kommen. Als sich in den ersten Tagen diesbezüglich nichts tat, wuchs die Ungeduld. Die Force Publique schien nicht beachtet zu werden, und ihr Zorn richtete sich nicht nur gegen Janssens und dessen Leute, sondern auch gegen die Regierung. So hatte das Parlament auf seiner ersten Sitzung nach dem 30. Juni eine beachtliche Erhöhung der Abgeordnetendiäten beschlossen – gegen den entschiedenen Widerstand Lumumbas, der diesen Schritt als »desaströs« einschätzte. Vor allem jedoch beförderte er das Gefühl in den

Force Publique, übergangen zu werden und sich auf der Verliererseite zu befinden.

Dann hielt Janssens am Morgen des 5. Juli 1960 auch noch eine Rede vor angetretener Mannschaft der Garnison in Léopoldville, in der er seine Autorität ebenso wie die aller weißen Offiziere betonte und die Soldaten an ihren Eid der Loyalität und des Gehorsams erinnerte. Auf eine Tafel schrieb er: »Vor der Unabhängigkeit = Nach der Unabhängigkeit«[70] – mit Gleichheitszeichen. Janssens, seit 1954 im Amt, war als »harter Hund« bekannt, hatte den Aufstand von Léopoldville im Januar 1959 brutal niederschlagen lassen, stand im Ruf, ein preußischer Hardliner zu sein und legte nun offen provokativ seine Vorstellung von postkolonialer Herrschaft in Armee und Gendarmerie dar. Der Unmut war vorprogrammiert, als er verkündete: »Vor dem 30. Juni hattet ihr weiße Offiziere. Nach dem 30. Juni habt ihr weiße Offiziere.« Und Janssens weiter: »Die Unabhängigkeit ist für Zivilisten. Fürs Militär heißt sie Disziplin.«

Seine Worte ließen keinen Zweifel, dass die weiße Hierarchiespitze über Jahre unangetastet bleiben sollte. Die Kontrolle über die Ordnungsmacht und über die Wirtschaft gehörten nach Brüsseler Vorstellung demnach weiter in belgische Hand, jegliche Vorhaben der Regierung, das zu ändern, würden auf Widerstand stoßen. Es war eine Kampfansage an Lumumbas politischen Kurs, wurde jedoch von der Truppe als Attacke auf sie selbst begriffen: Ein tausendköpfiges, ausnahmslos aus Europäern bestehendes Offizierscorps sollte weiter 25.000 Kongolesen befehligen und diese einsetzen, ja wozu …?

Janssens Ausfall konnte von den unteren Rängen nur als verdammenswert verstanden werden – ob er der Arroganz der Macht geschuldet war oder bewusst als weiterer Mosaikstein einer großbelgischen Eskalationsstrategie eingesetzt wurde, konnte nicht endgültig aufgeklärt werden: Einige sahen ihn als Indiz für die unflexible Denkweise Janssens an, andere vermuteten dahinter den absichtlichen Versuch, eine Rebellion anzustiften und Chaos zu verursachen.

Die Botschaft erzürnte die Truppe im ganzen Land, Wut erfasste in Windeseile zunächst das Camp Hardy in der Nähe von Thysville (heute: Mbanza-Ngungu), zwei Autostunden von Léopoldville entfernt, und dehnte sich zu einem Aufstand aus. In Thysville wurden zunächst weiße Offiziere und deren Angehörige angegriffen, dann auch Zivilisten. Angst und Schrecken machten sich unter den Weißen breit. Berichte über sexuelle Gewalt kursierten, es kam zu Vergewaltigungen von weißen Frauen, und die Medien berichteten, dass immer mehr Europäer fluchtartig das Land verließen.

Durch Zugeständnisse an die Rebellierenden versuchte Lumumba, die Lage zu beruhigen. Das Kabinett beschloss Ausschüsse zur Beendigung der Rassendiskriminierung und Sicherung des staatlichen Gewaltmonopols: Armee, Verwaltung und Justiz sollten afrikanisiert und ein neues Statut für Staatsbedienstete erarbeitet werden. Den Soldaten versprach Lumumba zunächst nach einer Truppeninspektion am 6. Juli, die er noch zusammen mit Janssens vorgenommen hatte, dass jeder Armeeangehörige in den nächsthöheren Rang befördert werden würde.

Kurz darauf setzte er den belgischen Armeechef ab, ernannte mit Sergeant Major Victor Lundula einen Vertrauten zum Generalmajor sowie seinen vermeintlichen Freund Mobutu, zu jener Zeit Lumumbas Privatsekretär, ein Reservist wie der ehemalige Sanitäter Lundula, zu dessen Stabschef. Das geschah trotz kursierender »Gerüchte über Mobutus Verbindungen zu belgischen und US-amerikanischen Geheimdiensten«[71]. Lumumba schlug die Warnungen in den Wind, und seine Toleranz sollte sich in kürzester Zeit bitter rächen.

Schließlich wurden alle oberen Ränge der Armee neu besetzt und die Streitkräfte in »Armée Nationale Congolaise« (Nationale Kongolesische Armee, ANC) umbenannt. Die Ordnungsmacht stand nunmehr ohne belgisches Personal da, befand sich zwar unter einheimischem Kommando, war Premier und Verteidigungsminister Lumumba unterstellt, doch orientierungslos und ohne Leitungserfahrung. Die Belgier waren zwar einer ihrer Herrschaftssäulen verlustig gegangen, allerdings um den Preis einer starken Einschränkung der Handlungsfähigkeit der Truppe. Die höheren Ränge konnten mangels geschulter Leute nicht qualifiziert besetzt werden. Die Dynamik der Ereignisse und die offensichtlich nicht intakte Ordnungsmacht verstärkten Panik unter den Weißen, wobei diese – aufgebauscht durch Erzählungen, Gerüchte und Horrormeldungen in Rundfunk und Zeitungen – in ihrer Vehemenz in keinem Verhältnis zum tatsächlichen Ausmaß der antibelgischen Gewalt stand.

Die Heraufbeschwörung des größtmöglichen, historisch verfestigten Tabubruchs »Schwarzer Mann – weiße Frau« erzeugte eine Massenpsychose, die zum Exodus führte, und man könnte meinen, das Szenarium sei in einem Thinktank entwickelt worden. Zu dem wahrscheinlichen belgischen Vorhaben jedenfalls, die Lage im Land so weit wie irgend möglich zu chaotisieren und es in eine instabile, nicht mehr beherrschbare Situation zu manövrieren, um den Raum beispielsweise für separatistische Lösungen zum eigenen Machterhalt zu öffnen, passte es ausgesprochen gut.

Die Ereignisse von Thysville fügen sich bruchlos in die Aktionsserie vom Ökonomie-Rundtisch im Mai 1960 über die Zeit schindende, zerstörerische Blockadefunktion und Personalpolitik von Sonderminister Ganshof bis zur Rede des Königs und dem kurz darauf folgenden provokativen Auftritt Janssens. War am 30. Juni noch an alle belgischen Staatsangehörigen appelliert worden, im Kongo zu bleiben und unbedingt ihren Besitz und ihre Funktionen zu behalten, so rief Brüssel keine zwei Wochen später alle Belgier auf, zurückzukehren ins »Mutterland«.

Innerhalb kürzester Zeit verließen Zehntausende Systemträger und deren Familien den Kontinent. Verwaltung und Armee wurden geschwächt, es fehlte überall an Know-how, Menschen ohne ausreichende Ausbildung übernahmen Funktionen, denen sie nicht gewachsen waren, das Gesundheitswesen stand vor dem Kollaps, nach drei Monaten befanden sich nur noch 120 Ärzte im Land.[72]

Die politische Krise ging einher mit einer ökonomischen: Der Export von Baumwolle, Kaffee und Kautschuk kam zum Erliegen, der von Kakao und Palmöl reduzierte sich um die Hälfte, die Arbeitslosigkeit wuchs stark an. Mehrere zehntausend Arbeiter in wichtigen industriellen, infrastrukturellen und landwirtschaftlichen Bereichen sowie von den Weißen abhängigen Dienstleistungssektoren verloren ihre Jobs. Die Plantagenproduktion wich der Subsistenzwirtschaft. Und die belgische Armee stand einsatzbereit ante portas.

Gewalt und Intervention fügten sich perfekt in ein Demontageschema, in dessen Fadenkreuz Lumumba und dessen Antikolonialismus standen. Dass Ablaufdetails jeweils erst dann ganz konkret beeinflusst werden konnten, wenn das erzeugte Durcheinander real wurde, lag in der Konsequenz der Inszenierung eines improvisierten Szenarios. In der Situation selbst – und auch danach – ließ sich ausgiebig mit bedrohten Menschenrechten und der Rettung der Welt argumentieren – wer wollte dem widersprechen? Über eine Luftbrücke nach Brüssel wurden innerhalb von zwei Wochen 30.000 Weiße ausgeflogen.

Es gab erste Tote, ein italienischer Vizekonsul starb in einem Hinterhalt, Europäer verbarrikadierten sich. Belgien intervenierte am 10. Juli völkerrechtswidrig militärisch mit der Begründung, belgische Staatsbürger schützen zu wollen. Keine zwei Wochen nach der Unabhängigkeitszeremonie wurden 10.000 belgische Soldaten eingesetzt, Fallschirmtruppen landeten, die Marine bombardierte die strategisch wichtige Hafenstadt Matadi. Mit der vorgeblichen Schutzfunktion konnte das nichts zu tun haben, da die Weißen bereits vorher evakuiert worden waren. 19 kongolesische Zivilisten starben, die Belgier besetzten Matadi, Léopoldville und weitere Städte, es kam zu Zusammenstößen mit der nur eingeschränkt einsetzbaren kongolesischen Armee. Auf Anordnung von Brüssels Verteidigungsminister begannen die Belgier, die Kontrolle über große Teile des Landes wieder zu übernehmen.

Lumumba in einer Radioansprache: »Die belgischen Minister, die am 30. Juni vor allen Nationen der Welt, vor der kongolesischen Nation, das Dokument unterzeichnet haben, mit dem die internationale Souveränität des Kongo anerkannt wird, sind dieselben Minister, die uns wenige Tage nach der Unabhängigkeit des Kongo Besatzungstruppen geschickt haben. Die belgische Regierung, die es zum Grundgesetz gemacht hat, dass der Kongo und seine sechs heutigen Provinzen eine unteilbare und unauflösliche politische Einheit bilden, ist dieselbe Regierung, die die Sezession von Katanga angezettelt hat, nur um die Union Minière zu erhalten.«[73]

Auch standen weitere Geschäfte der USA auf der Tagesordnung, die neben dem Uran und anderen Erzen besonders interessiert an kongolesischem Kobalt waren, ein für Raumfahrt, verschiedene Waffensysteme und Zukunftstechnologien unverzichtbares Element. Zwar gab es, wie in den 1940ern, weiterhin unterschiedliche wirtschaftliche Interessen zwischen Brüssel und Washington, vor allem was die Schürfrechte für verschiedene Erze betraf, doch herrschte zumindest in Sachen Lumumba Einigkeit.

Am 11. Juli spaltete sich Katanga von der Republik Kongo ab und verbündete sich im August als »Staat Katanga« mit der ebenfalls abtrünnigen Diamantenprovinz Süd-Kasai zu einer »Förderation«, die etwa ein Viertel des Staatsterritoriums einnahm. »Es ging darum, die reichen Kupfer-, Uran- und Goldminen der Kontrolle der nationalrevolutionären Zentralregierung von Patrice Lumumba zu entziehen und die Monopole der westlichen Konzerne zu sichern«, wertete der frühere UN-Sonderberichterstatter Jean Ziegler den Vorgang.[74]

Die Abspaltung Katangas keine 14 Tage nach der Unabhängigkeit schwächte die Position des Premiers einschneidend. Sie war zuallererst Tschombés engen Beziehungen zu den USA und Belgien geschuldet. Er selbst hatte schon vorher Brüssel und, auf Einladung der US-Regierung, die Vereinigten Staaten besucht und Kontakte geknüpft, die von großer Bedeutung für den weiteren Verlauf der Geschichte wurden. Bei den ersten gesamtkongolesischen Wahlen im Mai 1960 hatte seine Conakat zwar lediglich acht der 137 Sitze erreicht, doch war sie zugleich mit 25 von 60 Abgeordneten stärkste Kraft in der von ihr, wenn auch nur mit einer Mehrheit von zwei Mandaten, regierten Provinz, zu deren Präsidenten Tschombé gewählt worden war.

Schon vorher kooperationsunwillig der Regierung Lumumba gegenüber, wurde der Separatist Tschombé umgehend unterstützt von der belgischen Regierung. König Baudouin lobte ihn in einem persönlichen Brief und geißelte darin Lumumba als gemeinsamen Erzfeind. Derweil entwaffnete die belgische Armee ANC-Truppen, und Finanzexperten der Nationalbank Belgiens begannen mit dem Aufbau von Katangas Zentralbank. Die Bergbaumonopole, vorweg die Union Minière, standen fest an der Seite Tschombés und begüßten die Abspaltung Katangas, betrieben aus Eigennutz und Profitinteresse. Als Provinzchef und Lumumba-Hasser, der dem Premierminister schon im Juni 1960 Rache geschworen hatte, war Tschombé der geeignete Mann, ihre Profite zu sichern. Der Bergbau blieb der einzige industrielle Sektor, der von der nunmehr krisenhaften ökonomischen Entwicklung nicht betroffen war.

In jenen turbulenten Tagen war Lumumba gemeinsam mit Präsident Kasavubu im Kongo unterwegs, um eine Befriedung und Versöhnung zu erreichen. Nach insgesamt zehn Stationen und erfolgreichen Reden vor zehntausenden Menschen gelang es ihnen, vielerorts die Meuterei einzudämmen. Der Premier entschloss sich, angesichts der Ereignisse in Katanga, mit Kasavubu nach Élisabethville (Lubumbashi) zu fliegen, doch wurde ihrer Maschine dort vom belgischen Kommandanten des Flughafens die Landerlaubnis verweigert – ein Affront: Den beiden wichtigsten Politikern einer demokratisch gewählten Regierung wurde verboten, die zweitgrößte Stadt des Landes zu betreten.

Tschombés rechte Hand, Godefroid Munongo (1925-1992), ein späterer Provinzpremier und Kongo-Minister, erklärte: »Wir empfangen Präsident Kasavubu, aber niemals betritt der Verräter Lumumba katangischen Boden.«[75] Die Maschine wurde einfach in die Savanne umgeleitet und nicht, wie geplant, in Lumumbas Hochburg Stanleyville. Der belgische Pilot äußerte, er habe eben »andere Instruktionen« erhalten, und verschwieg, von wem.

Die Regierung Kongos bat am 12. Juli bei den Vereinten Nationen um Hilfe gegen die belgische Militärintervention, verlangte den sofortigen Rückzug der Angreifer und deren Ersetzung durch eine internationale Friedenstruppe. In Resolution 143 forderte der UN-Sicherheitsrat dann den Abzug der belgischen Streitkräfte und beschloss mit den Stimmen von USA und Sowjetunion bei Enthaltung Frankreichs, Großbritanniens und der VR China den Einsatz einer »Friedenstruppe« der Vereinten Nationen (ONUC) mit dem Auftrag, Regierung und Einheit des Landes zu sichern und den Abzug der belgischen Armee zu überwachen. Die ersten Blauhelmsoldaten aus Ghana und Marokko trafen am 15. Juli ein, weitere afrikanische Kontingente folgten.

Doch die Unruhen gingen weiter, und UN-Generalsekretär Dag Hammarskjöld, ein Schwede mit Beziehungen zum Bergwerkkonzern Union Miniére, weigerte sich, der Forderung Lumumbas zu folgen, die Sezession Katangas zu beenden und den Abzug der Belgier zu erzwingen. Derartiges decke die beschlossene Resolution nicht ab, so die Erklärung für das hohe Maß an Tatenlosigkeit. Erst Ende August würden schließlich die belgischen Truppen das Land verlassen haben.

Am 14. Juli brachen Lumumba und Kasavubu die diplomatischen Beziehungen zu Belgien ab und schickten ein Telegramm an den sowjetischen Regierungschef Nikita Chruschtschow, in dem sie die Sowjetunion, die im Sicherheitsrat als einziges Land die Forderungen Kongos ohne Wenn und Aber unterstützt hatte, baten, die Lage im Kongo genau zu beobachten: »könnten dazu veranlasst werden intervention der sowjetunion zu erbitten falls westliches lager akt der aggression gegen souveränität republik kongo nicht beendet *stop* nationales kongolesisches hoheitsgebiet momentan von belgischen truppen besetzt und leben von präsident der republik und premierminister in gefahr *fullstop*.«[76]

Die USA werteten diesen Schritt als Tabubruch. Der global geführte Kalte Krieg hatte den Kongo erreicht. Fand die Auseinandersetzung zwischen Sozialismus und Kapitalismus bis dahin vor allem in Europa an den Westgrenzen der Warschauer Vertragsstaaten, in Asien (Vietnam, Korea) und Lateinamerika (Kuba) statt, so befand sich plötzlich Afrika im Zentrum. Dem Kongo fiel eine Schlüsselrolle bei der weltweiten Dekolonisierung zu, und in den USA wuchs die Sorge, dass das geostrategisch wie ökonomisch bedeutende Land am Kongo-Strom unter sowjetischen Einfluss geraten könnte. Es ging dabei um viel: Der Kongo besaß eine zentrale Bedeutung für das gesamte subsaharische Afrika. Wer dort Einfluss hatte, redete in der ganzen Region gewichtig mit.

Begonnen hatte die bipolare Auseinandersetzung mit Ende des Zweiten Weltkriegs, als sich andeutete, dass nach dem Sieg über den deutschen und italienischen Faschismus sowie den japanischen Militarismus die Geschichte nach einem Ende des Kolonialsystems verlangte. An vielen Ecken der Welt entstanden nationale Befreiungsbewegungen, Völker kämpften sich frei, und die Generalversammlung der UNO verabschiedete schließlich Ende 1960 ihre epochale Resolution 1514 »über die Gewährung der Unabhängigkeit an koloniale Länder und Völker«.

In Katanga allerdings verfestigte sich in der zweiten Jahreshälfte die separatistische Herrschaft Tschombés, militärisch unterstützt von hunderten europäischen Söldnern. Nicht der geringste Wille zu einer Verständigung mit Lumumba war erkennbar, Tschombé betrachtete den Premier als Feind und verweigerte jeglichen Kontakt. Es schien Lumumba, als hintergehe die UNO bewusst die eigene Resolution, derweil Nachbarstaaten wie Ghana viel redeten und nichts taten, und ONUC-Truppengeber Guinea ganz schwieg.

Für Lumumba war der Boden zu heiß geworden in Léopoldville. Er flog nach Stanleyville (seit 1966: Kisangani) in der Provinz Orientale, die mittlerweile in dem Ruf stand, zu einer Hochburg des »afrikanischen Sozialismus«, was immer das sei, zu werden. Eine gewaltige Menschenmenge empfing ihn dort. »Das Volk von Stanleyville schrie ›Uhuru‹ – Freiheit – in einem leidenschaftlichen Chor, der vom Grollen der Tamtam untermalt war«, schreibt Scholl-Latour. »Dann wurde er auf den Schultern seiner Anhänger davongetragen.« Für diese Menschen war er ein Prophet.

Am 17. Juli um 14:30 Uhr landeten belgische Fallschirmjäger in Bunia, Provinz Ituri, und eröffneten das Feuer auf kongolesische Truppen, Waffen und Munition wurden beschlagnahmt. Überall, wo die Belgier hinkommen, so Lumumba zurück in Léopoldville in einer Rundfunkansprache am

19. Juli, »führen sie Überraschungsangriffe auf unsere Truppen durch«. Zehn Tage lang seien der Staatschef und er »durch das ganze Land gereist, um Ruhe zu predigen und die Lage genauer zu untersuchen«. Nunmehr sei alles, was Brüssel früher gesagt habe, nicht mehr zu glauben. »Belgien hat gestern die Unabhängigkeit des Kongo anerkannt, heute sabotiert es diese Unabhängigkeit.«

Die UN-Truppen seien seit Tagen im Kongo, »und die belgischen Truppen weigern sich, sich zurückzuziehen. Sie setzen ihre Aggression fort.« Und er machte eine gewichtige Ankündigung: »Wenn die Vereinten Nationen unser Volk nicht zufriedenstellen können, wird unsere Regierung gezwungen sein, sofort Truppen anderer Nationen anzufordern. Wir können nicht länger unter der ungerechtfertigten militärischen Besatzung einer fremden Macht leben.«

Angesichts der Untätigkeit der UNO bat er die Sowjetunion um Hilfe: Moskau schickte zehn Flugzeuge vom Typ Iljuschin mit Lebensmitteln, Lastwagen und Waffen. Für Washington und Belgien war der Regierungschef zu weit gegangen und wurde nun erst recht als »Kommunist« abgestempelt. Er selbst erklärte in einem Interview dazu: »Wir sind weder Kommunisten, Katholiken, noch Sozialisten. Wir sind afrikanische Nationalisten. Wir behalten uns das Recht vor, unsere Freunde nach dem Grundsatz der positiven Neutralität auszuwählen.«

Frage: »Einige Ihrer politischen Gegner beschuldigen Sie, ein Kommunist zu sein. Könnten Sie darauf antworten?« Antwort Lumumba: »Das ist ein propagandistischer Trick, der auf mich abzielt. Ich bin kein Kommunist. Die Kolonialisten haben im ganzen Land gegen mich gekämpft, weil ich ein Revolutionär bin und die Abschaffung des Kolonialregimes fordere, das unsere Menschenwürde missachtet hat. Sie betrachten mich als Kommunisten, weil ich mich geweigert habe, mich von den Imperialisten bestechen zu lassen.«[77]

Der Druck auf ihn wuchs weiter, und am 22. Juli 1960 startete Lumumba eine vielleicht verzweifelte, aber unbedingt bemerkenswerte diplomatische Offensive. Er und sein Team reisten spontan nach New York City. Dort wollte er den Vereinten Nationen persönlich seine Position darlegen. Der Flug war – den aktuellen Umständen geschuldet – kaum vorbereitet. Nach kurzen Zwischenstopps in Accra und London erreichte die Delegation am 24. Juli die USA, Lumumba traf Dag Hammarskjöld und dessen Mitarbeiter umgehend zu dreitägigen Konsultationen über die zugespitzte Lage im Kongo, den Abzug der belgischen Interventionstruppen sowie die Möglichkeiten technischer Unterstützung durch die UNO. Es heißt, es sei zwar eine gewisse Distanz zwischen Lumumba und dem UN-Generalsekretär spürbar gewesen, doch seien die Gespräche »reibungslos«[78] verlaufen. Auf einer Pressekonferenz danach bekräftigte Lumumba einen »positiven Neutralismus« seines Landes und landete am Tag darauf in Washington.

Mit dem Hinweis, dass der Termin nicht vereinbart gewesen sei, verweigerte dort US-Präsident Dwight D. Eisenhower ein Gespräch mit dem Ministerpräsidenten des Kongo. Er schickte seinen stellvertretenden Außenminister, Douglas Dillon, der Lumumba später, gegen jegliche diplomatische Gepflogenheit, als »fast ›psychotische‹ Persönlichkeit« verleumdete, »von einem Eifer besessen (…), den ich nur als messianisch beschreiben kann«. Seine Bemerkung, Lumumba sei »ein Mensch, mit dem man nicht zusammenarbeiten konnte«, ließ dann auch keinen Zweifel daran, dass die USA nicht nur nicht mit Lumumba zur Beilegung der Krise kooperieren wollten, sondern auch die Person Lumumba abgehakt hatten.[79]

Eisenhower wies laut Larry Devlin[80] die CIA persönlich an, Lumumba zu eliminieren. Der Mord sollte, so der Chefagent der CIA im Kongo, mittels eines Giftanschlags umgesetzt werden, was dann allerdings nicht gelang. Dafür, dass der Vorgang aber doch realistisch erscheint, spricht die Fülle von anderen Versuchen des Geheimdienstes, unliebsame Gegner wie zum Beispiel Fidel Castro zu beseitigen.

Devlin rühmte sich später vor laufender Kamera als Initiator des Komplotts gegen Lumumba. Der CIA-Chemiker Sidney Gottlieb, genannt laut Peter Scholl-Latour »Joe from Perias«, entwickelte demnach eine Reihe von toxischen Materialien, die für das Attentat verwendet werden sollten. Im September 1960 brachte Gottlieb ein Fläschchen mit dem Gift in den Kongo, und Devlin schmiedete Pläne, es auf Lumumbas Zahnbürste oder in seinem Essen zu platzieren. Die Verschwörung wurde aufgegeben, weil der Agent des CIA-Stationschefs nicht dazu fähig war, das Attentat durchzuführen, und der Ersatzagent sich weigerte, an einem Mordkomplott teilzunehmen.

Die geheimen Anweisungen der CIA von 1960, die »Congo Cables«, 1982 durch Madeleine G. Kalb veröffentlicht, bestätigten in Gänze die Vermutungen, dass die CIA maßgeblich daran beteiligt war, Lumumba kaltzustellen. Devlin verfügte über ein enormes Budget und wurde zunächst darauf orientiert, Präsident Kasavubu und Stabschef Mobutu als Günstlinge zu gewinnen. Schließlich half er im November 1960 dabei, die Suche nach dem aus Léopoldville in Richtung Stanleyville flüchtenden Lumumba und seiner Familie zu koordinieren, so der Autor Michael P. Hoyt, und dessen Verschleppung aus dem Kerker in Camp Thysville nach Katanga zu arrangieren.[81]

Zudem stand der Leiter der CIA-Filiale von Élisabethville/ Katanga in der Nacht, als Lumumba ermordet wurde, in direktem Kontakt zu den Mördern. John Stockwell, im Kongo als CIA-Offizier eingesetzt, berichtete später, dass ein Agent Lumumbas Leiche im Kofferraum seines Autos transportierte, um sie zu beseitigen. Stockwell vermutete 1978, dass Devlin mehr als jeder andere über den Mord wusste.

Lumumba jedenfalls muss bereits während seines Aufenthalts in Washington klargeworden sein, dass er von den USA keinerlei Hilfe zu erwarten hatte. Als ihn dann dort ein Telegramm seines Vizepremiers Antoine Gizenga erreichte, wonach neue Gefechte zwischen belgischen und kongolesischen Truppen ausgebrochen seien, schwand auch die gerade aufgekeimte Hoffnung, die UNO könnte tatsächlich dafür sorgen, dass die Katanga-Abspaltung rückgängig gemacht und die belgischen Truppen zum Verlassen des Landes gebracht werden würden.

Weitergereist in die kanadische Hauptstadt Ottawa, stieß sein Hilfsgesuch auch dort auf taube Ohren. Seine Bitte um technische Unterstützung wurde von den Kanadiern mit Verweis auf die UNO abgelehnt. Ende Juli traf er sich in Ottawa noch mit dem sowjetischen Botschafter und besprach eine Spende von militärischer Ausrüstung. Zurück in New York wurde er hingehalten, und er beschloss, mehrere afrikanische Staaten zu besuchen, um Druck auf Hammarskjöld auszuüben und in bilateralen Verträgen Rückhalt zu organisieren.

Zwischen dem 2. und 8. August hießen seine Stationen Tunesien, Marokko, Guinea, Ghana und Liberia. Gemeinsame Kommuniqués mit den jeweiligen Staatschefs wurden herausgegeben, in allen wurde Unterstützung bei der UNO für die Rücknahme der Abspaltung Katangas zugesagt, mit Ghanas Präsidenten Nkrumah schloss Lumumba ein Geheimabkommen, in dem eine »Union afrikanischer Staaten« konzipiert wurde. Zwischen dem 25. und 30. August, so die Absprache zwischen beiden, sollte ein afrikanisches Gipfeltreffen in Léopoldville stattfinden.

Zurück im Kongo rief die Regierung den Ausnahmezustand aus. Mit »äußerster Energie« würden nunmehr diejenigen bestraft, so Lumumbas Presseerklärung vom 10. August, »die heute von den Feinden der Freiheit dafür bezahlt werden, die Aufwiegelungsbewegungen im ganzen Land aufrechtzuerhalten und dadurch den sozialen Frieden zu stören«[82]. Das Erscheinen der Zeitung *Courrier d'Afrique* wurde ebenso eingestellt wie die der Nachrichtenagenturen *Belga* und *Agence France Presse*, was die belgische Kritik weiter steigerte. Es entstand die staatliche *Agence Congolaise de Presse*.

Am 16. August kündigte Lumumba die Einsetzung eines »Régime militaire spécial« (militärisches Spezialregime) für die Dauer von sechs Monaten an. Statt im Regierungskreis besprach sich Lumumba nunmehr mit Vertrauten, Ministern und Beamten. Beratungen mit der Regierung vermied er zusehends, sein Kabinettschef Damien Kandolo hatte sich als Spion der belgischen Regierung betätigt. Er wurde später unter Mobutu zum Generalsekretär für den Bergbau.

Auf dem Höhepunkt seiner Laufbahn, in den Monaten Juli, August und in der ersten Septemberwoche, schien der Premier von einer »ruhelosen Ungeduld«[83] getrieben, was seinen Umgang mit Kollegen, den Vereinten Nationen und den afrikanischen Staaten beeinträchtigte. Konfrontiert mit drei Ereignissen, die unbedingt zu einem guten Ende gebracht werden mussten, wenn das Projekt Unabhängigkeit nicht scheitern sollte, schien er seine realen Möglichkeiten nicht mehr richtig einschätzen zu können.

Das betraf die Rebellion in der Armee, die belgische Intervention und die Sezession Katangas und Süd-Kasais – drei Probleme, die nur gelöst werden konnten durch Verhandlungen oder mit Gewalt, wobei die Ausgangslage trotz des ausschließlich an seinen persönlichen Interessen orientierten, verhandlungsunwilligen Tschombé in Sachen Katanga nicht unbedingt schlecht standen: Niemand aus der Regierung, und auch Kasavubu nicht, war gewillt, die Sezession hinzunehmen. Und selbst die Vereinten Nationen waren dazu verpflichtet, die Einheit des Kongo zu unterstützen.

Doch Lumumbas Auftreten wirkte auf seine Umgebung, auf Hammarskjöld und dessen Chefkoordinator für die UN-Friedenstruppen im Kongo, Ralph Bunche, manchmal »beleidigend«[84]. Er umgab sich mit allen möglichen Beratern, schlief wenig und begann sogar, die Vorschläge und Hinweise zu ignorieren, die ihm Ghanas Präsident Nkrumah gab, sein engster Vertrauter auf internationaler Ebene. Nkrumah hatte ihm mehr diplomatische Gelassenheit empfohlen. Er solle Kasavubu nicht zu stark herausfordern. Das bringe ihm nur Ärger in dessen Hochburg Léopoldville und der Provinz Bas-Congo ein.

Er solle gelassen bleiben, riet ihm Nkrumah. Falls Lumumba scheitere, habe er das auch seinem Unwillen zuzuschreiben, die »Tatsachen des Lebens« zur Kenntnis zu nehmen und das zu betreiben, was »Realpolitik« genannt werde. Er müsse taktischer agieren, schließlich wäre seine Niederlage ein »großer Rückschlag für die afrikanische Befreiungsbewegung«. Doch ständen die Chancen gar nicht schlecht, wenn er mit der Situation nur vorsichtig und taktvoll umgehe, versuchte Nkrumah seinem Camérade Mut zuzusprechen.[85] Doch vielleicht kamen dessen Ratschläge auch zu spät. Als am 25. August eine internationale Afrika-Konferenz eröffnet wurde, war kein Staatsoberhaupt nach Léopoldville gereist, und Lumumba verließ die Versammlung vorzeitig, als ihm klar wurde, dass die Delegationen, mit Ausnahme Ghanas, seinen Vorschlägen für ein eigenständiges afrikanisches Eingreifen in Katanga nicht folgen würden.

Die Auseinandersetzung zwischen Armee und Separatisten um Süd-Kasai spitzte sich zu. Ende August kam es zu Kämpfen mit vielen Toten, und Lumumba persönlich wurde für ein Massaker an Zivilisten und an Missionaren verantwortlich gemacht. Kasavubu erklärte nunmehr, die ethnische Konfrontation könnte nur durch die Bildung einer föderalistischen Regierung beendet werden, die katholische Kirche kritisierte die Regierung offen.

Es folgte der erste Putsch. Präsident Kasavubu, der sich inzwischen mit Oberst Mobutu verbündet hatte, verkündete auf Anraten »vieler westliche(r) Berater«[86] am Abend des 5. September im Radio, wegen des Armeemassakers in Süd-Kasai und der »Verwicklung der Sowjets in den Kongo«[87] habe er Lumumba und sechs seiner Minister aus der Regierung entlassen. Neuer Premier sei Joseph Iléo. Lumumba hörte die Sendung, ging sofort zur nächsten Radiostation und verurteilte das Vorgehen Kasavubus als unrechtmäßig, nannte ihn einen Verräter und erklärte ihn seinerseits für abgesetzt.

Am 7. September trat das Parlament zur Debatte über die Vorgänge zusammen. Lumumba verwies in seiner Rede darauf, dass laut Verfassung nur die Kammern Gesetze »authentisch« auslegen dürften, und eben nicht der Präsident. Zudem habe Kasavubu niemals auch nur ein Wort der Kritik an der Regierungspolitik geäußert.

Der Premier vor dem Parlament: »Ich war nie gegen Kasavubu, umso mehr, seit er dank mir Präsident ist. Millionen Francs flossen in eine Radiokampagne gegen mich durch tägliche Stücke psychologischer Kriegsführung: Lumumba Diktator, Lumumba Kommunist, Lumumba Moskau etc. Während unseres Kampfes war ich im Gefängnis, weil ich Unabhängigkeit gefordert habe – etwa in russischem Auftrag? Haben die Russen unsere Brüder gedrängt, Unabhängigkeit zu fordern? Wer hat uns achtzig Jahre ausgebeutet? Die Kommunisten etwa?«[88] Lumumba wurde mit 60 zu 19 Stimmen als Premier bestätigt. Tags darauf sprach er vor dem Senat, der der Regierung dann mit 49 Ja-Stimmen bei sieben Enthaltungen das Vertrauen aussprach. Am 13. September beschloss das Parlament in einer gemeinsamen Sitzung der Abgeordnetenkammer und des Senats, Lumumba Notstandsvollmachten zu erteilen.

Am Tag darauf putschte Oberst Mobutu, Stabschef der Armee, mit Zustimmung und Unterstützung der CIA. Kasavubu blieb Präsident, Lumumba wurde unter Hausarrest gestellt. Techniker würden die Verwaltung leiten, Akademiker die Regierung stellen. Die Botschafter der sozialistischen Länder wurden des Landes verwiesen.

Die Kampagne gegen Lumumba steigerte sich weiter. Politische Gegner veröffentlichten angeblich aus der Aktentasche des Premiers stammende Dokumente, »darunter Briefe von Nkrumah, Hilferufe an die Sowjetunion und die Volksrepublik China, ein Memorandum vom 16. September, in dem die Anwesenheit sowjetischer Truppen innerhalb einer Woche erklärt wurde«, und andere, bei denen es sich um mutmaßliche Fälschungen handelte. Es reichte allemal, um den Hass auf Lumumba weiter zu schüren.

Doch der Abgesetzte trat nicht zurück, sondern bestand darauf, der einzige demokratisch gewählte Ministerpräsident zu sein. Afrikanische Diplomaten bemühten sich um eine Versöhnung zwischen Lumumba und Kasavubu. Dag Hammarskjöld plädierte derweil, so der indische Diplomat und UN-Bevollmächtigte für den Kongo, Rajeshwar Dayal, für Lumumbas Rückkehr in sein Amt und appellierte vergeblich, Kasavubu zu einem Kompromiss zu bewegen.

Eine mündliche Grundsatzvereinbarung über eine engere Zusammenarbeit zwischen dem Staatsoberhaupt und der Regierung wurde schriftlich festgehalten. Lumumba unterschrieb, aber Kasavubu weigerte sich plötzlich. Vermutet wurde, »dass Belgien und die Vereinigten Staaten dafür verantwortlich waren«[89]. Lumumba traf sich indes weiterhin mit Mitgliedern seiner Regierung, Senatoren, Abgeordneten und politischen Unterstützern und gab öffentliche Erklärungen ab.

Seitens Belgiens und der USA wuchsen die Befürchtungen, Lumumba kehre doch noch zurück in sein Amt und gewinne mit neuer Energie seine alte Autorität zurück. Trotz des Hausarrestes war er weder politisch noch in der Öffentlichkeit abgeschrieben. Solange er lebte, das wurde seinen Feinden immer bewusster, war eine Wende zu ihren Ungunsten denkbar.

Lumumbas Popularität blieb groß. Hätte es seinerzeit Meinungsumfragen im Kongo gegeben, so ist mit guten Gründen zu vermuten, wäre er nicht nur als der wichtigste Politiker gesehen worden, sondern hätte bei Wahlen auch wesentlich höhere Stimmergebnisse erzielt als im Mai. Doch hinter den Kulissen der Politik und in den Geheimdiensten wurden die Vorbereitungen intensiviert, Lumumba zu verschleppen. Belgiens Kolonialminister d'Aspremont Lynden, der mit der Organisation der Sezession Katangas beauftragt worden war, schickte am 6. Oktober 1960 ein Telegramm in die abtrünnige Provinz, in dem er mitteilte, dass man von nun an die »endgültige Eliminierung von Patrice Lumumba« verfolge.

Lumumba saß in seinem Amtssitz in der Residenz des ehemaligen belgischen Generalgouverneurs fest, eine gelbe Villa am Kongo-Fluss. In deren Garten verhinderten am 10. Oktober die dort stationierten Blauhelme, dass der Premier durch 200 von Mobutu geschickte Soldaten verhaftet würde. Um das Gebäude lag nunmehr ein zweifacher Ring aus Bewaffneten Mobutus und denen der UNO, der der Premier auch nicht gerade vorbehaltlos vertrauen konnte. Er befand sich de facto unter doppeltem Hausarrest und in einer äußerst misslichen Lage, Ende offen.

Trotzdem hielt er, wie seit Amtsantritt, weiter seine Pressekonferenzen ab. Dabei lieferte Lumumba immer wieder Beweise seines taktischen Geschicks, so der deutsche Journalist Peter Scholl-Latour: »Trotz aller Heftigkeit ließ er sich nicht zu unbedachten Äußerungen hinreißen, zur großen Enttäuschung all jener, die ihn gern zu anti-amerikanischen Brandreden aufstacheln wollten. Dieser schwarze Nationalist blieb Anhänger des ›positiven Neutralismus‹. (...) Er war ein meisterhafter Rhetor.

Wenn er antwortete, warf er den Kopf zurück, und es spielte ein triumphierendes Lächeln um seinen Mund.‹«[90]

Scholl-Latour traf Lumumba letztmals im September 1960 in dessen Amtssitz. Nur wenige Getreue hielten noch in der Villa zu ihm. Im Interview, so erinnerte sich Scholl-Latour, habe Lumumba insbesondere für Sympathie in der westlichen Öffentlichkeit werben wollen. Er antwortete äußerst »zurückhaltend« und bemühte sich, auf keinen Fall zu konfrontieren – in den Massenmedien und der Politik des kollektiven Westens war er längst zur Unperson erklärt worden. Auch die bundesdeutsche Politik machte dabei keine Ausnahme. Ihr Außenminister Heinrich von Brentano (1955-1961), würde auf der Tagung der Europäische Wirtschaftsgemeinschaft (EWG)in Brüssel Anfang Februar 1961, als der Tod Lumumbas bekannt geworden war, »die Belgier seiner vollen Sympathie in der Kongofrage« versichern. Belgien dürfe »auf die volle Unterstützung der EWG-Staaten rechnen«. Einzelheiten könnten jedoch »wegen des geheimen Charakters der Beratungen nicht mitgeteilt werden«[91].

Auf Scholl-Latours Frage nach der Fortführung des Kampfes in ganz Afrika gegen die Kolonialherrschaft hütete Lumumba sich, als nächste Etappen zur Befreiung Staaten wie Rhodesien oder Südafrika zu nennen, sondern antwortete allgemein: »Sicher müssen alle afrikanischen Völker frei und unabhängig werden, aber die genaue Marschroute liegt noch nicht fest.« So seine Antwort zum Schluss des Interviews.

Als die Aufnahmegeräte ausgeschaltet waren, nahm er Scholl-Latour beiseite und erklärte ihm auf dessen Frage nach seiner persönlichen Zukunft: »Es sieht schlecht für mich aus. Vielleicht werde ich für die Einheit und Unabhängigkeit meines Landes sterben müssen. Vielleicht muss ich dem Kongo durch meinen Opfertod den größten Dienst erweisen. Afrika braucht einen Märtyrer.« Das sei seine letzte Aussage vor einem Journalisten gewesen, schreibt Scholl-Latour.

Er war Lumumba schon vorher oft begegnet. »Mit seiner rhetorischen Begabung erregte er Aufsehen, wurde schnell zum Idol der Massen. Es war etwas Außergewöhnliches an dem kometenhaften Aufstieg dieses schwarzen Demagogen in einer ihm fremden Stadt, in einer ablehnenden Stammesumgebung. Lumumba war seinerzeit der einzige Kongo-Politiker, der seinen Erfolg nicht dem ethnischen Zusammengehörigkeitsgefühl verdankte.« Er sei der erste unter jenen gewesen, »die sich von den Fesseln des Tribalismus zu lösen suchten«[92].

Wenige Wochen später, sich seiner Isolation und verzweifelten Lage, aber auch seines anhaltenden Einflusses bewusst, versuchte der Arrestierte schließlich, nach Stanleyville zu entkommen, dem Zentrum des Lumumbismus. Dort hatte sein Gefährte und Vizepremier Gizenga mit anderen Ministern aus dem Lumumba-Kabinett und weiteren Parteigängern eine Gegenregierung zu Mobutu und Kasavubu gebildet.

Nachdem am 24. November die Vereinten Nationen mehrheitlich für die Anerkennung von Mobutus neuen Delegierten in der UN-Generalversammlung gestimmt hatten und damit Lumumbas ursprüngliche Ernennungen ignorierten, beschloss Lumumba, sich mit Gizenga in Stanleyville zu treffen und eine Kampagne zur Wiedererlangung der Macht zu starten. Am 27. November verließ er die Hauptstadt mit Rémy Mwamba, Pierre Mulele, seiner Frau Pauline und seinem jüngsten Kind.

Die Flucht war vorbereitet, und der Zeitpunkt sorgsam gewählt. Die Umzingler des Amtssitzes hatten sich unter dem Eindruck sturzbachartiger Niederschläge unter die Veranden der Verwaltungspavillons zurückgezogen, die Limousine des Premiers und von dessen Familie, ein Chevrolet, Lumumba gehüllt in eine Decke auf dem Rücksitz, kam durch und fuhr schnell davon, doch die CIA half logistisch bei der Menschenjagd. »Die Belgier«, berichteten laut Scholl-Latour Zeitzeugen, »seien ihm zum Verhängnis geworden, doch vor allem die CIA hatte den Untergang Lumumbas beschlossen, weil er sich nicht in amerikanische Dienste zwingen ließ und zur Absicherung seiner Unabhängigkeit die Unterstützung des Ostblocks in Anspruch nahm«. Auch die UN hätten sich »an diesem Kesseltreiben, an dieser ›chasse à l'homme‹ schamlos beteiligt«.

Der Versuch Lumumbas, Stanleyville zu erreichen, endete wenige Tage später am Sankuru-Fluss. Die Fähre wurde erst Stunden später erwartet, Lumumbas Frau wollte lieber diese nehmen, weil sie die Überfahrt im Kanu scheute, Patrice, sich der Gefahr bewusst, setzte zunächst am 1. Dezember ohne sie über. Es folgte jener tragische Moment, in dem ihn sein Gewissen zwang, bereits in Sicherheit auf von seinen Anhängern kontrolliertem Territorium, kehrt zu machen: Er ließ sich zurückbringen, als er sah, dass Mobutus Leute das jenseitige Ufer und damit seine Frau und sein Kind erreicht hatten. Umgehend verhaftet, ordnete Mobutu seine Überführung in die Hauptstadt an.

Nach Léopoldville verbracht, wurde der Gefangene gefesselt, in zerrissenem Hemd und ohne Brille auf einem Armeelastwagen in der Stadt zur Schau gestellt, durch die Straßen gefahren und öffentlich misshandelt. Das Foto des geschundenen Nationalhelden ging um die Welt. Demonstrationen und Proteste folgten international. Afrikanische und asiatische Delegationen warfen der UNO vor, dass sie den Gefangenen nicht beschützt habe. Die Augen Lumumbas drückten eher Erstaunen als Entsetzen aus, so der Eindruck von Scholl-Latour, der prophezeite, Lumumba werde »die symbolträchtige Ikone der afrikanischen Befreiung« bleiben.

Die Sowjetunion machte Hammarskjöld und den Westen für Lumumbas Verhaftung verantwortlich. Am 7. Dezember trat der UN-Sicherheitsrat zusammen und beriet den sowjetischen Antrag, wonach die UNO Lumumbas sofortige Freilassung, seine sofortige Wiedereinsetzung als Premier, die

Entwaffnung der Truppen Mobutus, den Rücktritt des UN-Generalsekretärs, die Verhaftung von Mobutu und Tschombé und den Abzug der UN-Friedenstruppen verlangte. Die Forderung wurde durch den Abzug der Kontingente Jugoslawiens, der Vereinigten Arabischen Republik, Ceylons, Indonesiens, Marokkos und Guineas aus der UNOC noch verstärkt. Trotzdem wurde die Pro-Lumumba-Resolution am 14. Dezember 1960 mit acht zu zwei Stimmen abgelehnt.

Am selben Tag legte die Sowjetunion ihr Veto gegen eine westliche Resolution ein, die Hammarskjöld mehr Befugnisse für den Kongo einräumen sollte. Die Kontroverse über den Charakter einer globalen Entkolonisierung machte sich an der Person Lumumba fest – und die befand sich in den Händen kongolesischer Politiker, die mittlerweile vom Westen geleitet wurden. Der sowjetische Chefdelegierte Walerian Alexandrowitsch Sorin erklärte, »Hauptzentrum der Verschwörung« gegen die rechtmäßige Regierung des Kongo sei gegenwärtig »die USA-Botschaft in Léopoldville. Von dort werden die Umtriebe gegen die rechtmäßige Kongoregierung gelenkt und finanziert« (ND, 10.12.1960).

Lumumba wurde in eine Zelle der Militärkaserne Hardy von Thysville verbracht, wie später auch seine ebenfalls verhafteten Weggefährten Joseph Okito und Maurice Mpolo. Alle drei waren immer noch Hoffnungsträger eines neuen Kongo.

Joseph Okito (1910-1961), viele Jahre in der Kolonialverwaltung als Chef des Batetela-Sektors des Lusambo-Territoriums und von 1957 bis 1959 im Provinzrat, gründete 1959 die Gewerkschaft Union rurale du Congo, traf Lumumba, der ihn überzeugte, sich dem MNC anzuschließen. Nach den Mai-Wahlen wurde er Senator der Provinz Kasai und zum Zweiten Vizepräsidenten des Senats gewählt.

Maurice Mpolo (1928-1961) diente nach achtjähriger Schulbildung in der Kolonialpolizei. 1952 aus dem Dienst entlassen, arbeitete er als Journalist und wurde von der belgischen Regierung verhaftet, weil er »verdrängte« Meinungen veröffentlicht hatte. Schließlich leitete er die MNC-Ortsgruppe Léopoldville, nahm im Januar/Februar 1960 am Brüsseler Runden Tisch teil, wurde als Vertreter des Distrikts »Lac Léopold II.« in die Abgeordnetenkammer gewählt und unter Premier Lumumba Minister für Jugend und Sport.

Als er im Juli kurzzeitig den von belgischen Soldaten verhafteten General Lundula als Oberbefehlshaber der ANC vertrat, geriet er in Streit mit Generalstabschef Mobutu. Am 13. September erklärte ihn Lumumba zum Oberbefehlshaber der ANC. Tags darauf putschte Mobutu. Mpolo versuchte, die Kontrolle über die Armee zu gewinnen und wurde zusammen mit Gizenga verhaftet, musste aber auf Druck der UNO von Mobutu freigelassen werden. Dem Kabinett Lumumbas vom 7. Oktober gehörte er als Verteidigungsminister an. Nach Lumumbas Flucht aus Léopoldville plante er ebenfalls, nach Stanleyville zu gelangen, wurde aber auf einer Versammlung am Lac Léopold II. gefangen genommen.

Die Festsetzung der drei Politiker schien das Ende zu sein, doch hatten die Kerkermeister die Rechnung ohne die Außenwelt gemacht.

Wenige Wochen nachdem Lumumba und seine Gefährten hinter Gittern gelandet waren, erhoben sich in der ganzen Republik deren Anhänger. Die Lumumbisten unter Gizenga in Kisangani errangen Erfolg auf Erfolg. »In vier Wochen spätestens ist Lumumba wieder im Sattel«, hätten Diplomaten aus den NATO-Ländern resigniert gemunkelt, bemerkte Scholl-Latour, und »eigenartig« sei es schon gewesen, dass ein angeblich Entmachteter aus einer Gefängniszelle heraus die halbe Kongo-Republik beherrschte.

Die Gegenregierung in Stanleyville hielt sich, ihre Truppen hatten Nord-Kivu befreit und marschierten im nördlichen Katanga ein. Zusätzlich gelang es Lumumba im Camp Thysville einen Teil der Soldaten auf seine Seite zu bringen. Unter dem Eindruck der Ereignisse geriet die Disziplin dort mehr und mehr ins Wanken, Mobutu musste befürchten, dass Lumumba und die beiden anderen Gefangenen in einer Meuterei freigelassen werden könnten, dass sich der Premier an der Spitze reetablieren könnte und ihn selbst stürzen würde.

Derweil hatte der belgische König Baudouin am 15. Dezember die spanische Adlige Doña Fabiola Fernanda María de las Victorias Antonia Adelaida de Mora y Aragón geheiratet. Peter Hacks schrieb 1961 in seinem Gedicht »Tod Lumumbas« die Zeilen: »Im Urwald wurden sie gefangen. / Der König hat seine Hochzeit begangen.« Der deutsche Schriftsteller ließ keine Zweifel an seiner Wut und seiner Verzweiflung über Lumumbas Tod. In seinen schlichten Zeilen klang aber auch durch, dass Hacks, ähnlich wie Sartre in seinem Aufsatz über das politische Denken Lumumbas, wenig bis nichts vom Konzept der Gewaltlosigkeit, die der Getötete verfolgte, hielt. »Am Kongo steht ein Bastbaum rot. / Patrice Lumumba, der Held, ist tot. / Lumumba liegt mit blutiger Brust, / Weil er vertraut, wo er kämpfen musst.« In seiner Anmerkung zum eigenen Werk ging er noch, so der damalige Wissensstand, vom 12. Februar 1961 als Todesdatum aus und stellte eine Verbindung zu den »Blauhelmen« her. Diese seien »schon damals die Fremdenlegion der USA« gewesen.[93]

Die Gefangenen erhielten schlechte und wenig Nahrung, wie Mobutu es befohlen hatte. Lumumba schrieb an Rajeshwar Dayal: »Mit einem Wort, wir leben unter absolut unmöglichen Bedingungen; außerdem verstoßen sie gegen das Gesetz.« Trotzdem war die Entscheidung über die Zukunft des Kongo noch nicht gefallen.

Am Morgen des 13. Januar 1961 dann begann der offene Widerstand in der Kaserne selbst. Die Soldaten forderten die

Auszahlung von Sold. Einige verlangten Lumumbas Freilassung. Kongos Präsident, sein Außenminister sowie der Chef der Sicherheitspolizei trafen persönlich im Camp ein, verhandelten mit den Truppen und kamen zu dem Ergebnis, dass die Inhaftierung gefährdet war. Jederzeit konnte es dazu kommen, dass die Gefangenen befreit werden könnten – je nach Lage durch die Bewacher oder von außen.

Belgien reagierte. Am 15. Januar 1961 ordnete Kolonialminister Lynden an, dass Lumumba, Mpolo und Okito nach Katanga gebracht werden sollten. Kasavubu und Mobutu ließen die Gefangenen verschleppen. Munongo, Innenminister des von Tschombé proklamierten Katanga, wurden 40.000 Dollar bezahlt, um Lumumba zu übernehmen.[94]

Am 17. Januar 1961 auf dem Flug nach Élisabethville kam es an Bord zu unerträglichen Marterszenen, so dass sogar die beiden belgischen Piloten drohten, an ihren Ausgangspunkt zurückzufliegen. Lumumba war blutüberströmt. In Katangas Hauptstadt wurde der 35-jährige Freiheitskämpfer als »blutiges, zuckendes Bündel auf den Beton geworfen« (Peter Scholl-Latour). Bei seiner Ankunft wurden seine Mitarbeiter und er in das Brouwez-Haus der belgischen Airline gebracht, wo sie von Katanga-Beamten erneut brutal geschlagen und gefoltert wurden, während Präsident Tschombé und sein Kabinett entschieden, was mit ihm geschehen sollte.

Der *Spiegel* rekonstruierte später die Situation: »Die drei Gefangenen sind geknebelt und Rücken an Rücken gefesselt. Obwohl sein Gesicht durch Schläge fürchterlich entstellt ist, erkennen einige der Zuschauer Patrice Lumumba. Sie wissen nicht, dass Kazadi (Bernard Kazadi, Mobutus Generalkommissar für Nationale Verteidigung, G. S.) den abgeschnittenen Schnurr- und Kinnbart und die Brille seines wichtigsten Gefangenen in der Tasche hat. Bei Lumumba lautet der Befund: gebrochene Rippen und innere Blutungen, bei Okito Schädelbruch, bei Mpolo Bewusstlosigkeit. Sie müssten in ein Krankenhaus gebracht werden, das ist ihre einzige Chance.«[95]

Auf einem Lkw der Katanga-Gendarmerie wurden die Todgeweihten zur Exekution an einen abgelegenen Ort transportiert, wo Berichten zufolge drei Erschießungskommandos zusammengestellt worden waren, die von einem belgischen Vertragsoffizier, dem Söldner Julien Gat, befehligt wurden. Das konstatierte unter anderem der Soziologe Ludo de Ville in seinem Buch »Regierungsauftrag Mord. Der Tod Lumumbas und die Kongo-Krise«. Die direkte Beteiligung an den Morden habe Belgien, den USA und dem britischen Auslandsgeheimdienst MI6 die Gewissheit verschafft, dass ihre Mordpläne auch umgesetzt wurden. Die belgische Untersuchungskommission 2002: auch Tschombé und zwei weitere Minister waren anwesend, drei belgische Offiziere und ein Polizeibeamter standen unter dem Kommando der Katanga-Behörden.

Lumumba, Mpolo und Okito wurden an einen Baum gelehnt und einer nach dem anderen erschossen. Am 17. Januar 1961, 21:43 Uhr, fiel der Körper des ersten Ministerpräsidenten eines freien Kongo in ein flaches Grab. Am nächsten Morgen gruben Gerard Soete, der belgische Vizegeneralinspekteur der katangesischen Polizei, und seine Leute auf Befehl von Munongo die Leichen wieder aus. Sie sollten verschwinden, damit verhindert werde, dass eine Kultstätte entstehe. Die Leichen wurden zersägt und in einem mit konzentrierter Schwefelsäure gefüllten Fass, von einer belgischen Minengesellschaft beschafft, aufgelöst. Die Knochen wurden zermahlen und verstreut, sonstige Reste der Toten verbrannt. Keine Spur sollte bleiben von Lumumba. Als »Souvenirs« oder auch »Jagdtrophäen« (de Witte) amputierte Soete drei Finger und brach zwei Goldzähne aus Lumumbas Gebiss.

Die Tatumstände kamen nur spärlich und gestreckt über Jahrzehnte ans Tageslicht. Zunächst hatte es geheißen, dass Lumumba und zwei weitere Gefangene entkommen seien. Sein Tod wurde am 13. Februar offiziell über den katangischen Rundfunk bekannt gegeben, Lumumba sei nach seiner Flucht von wütenden Dorfbewohnern gelyncht worden, wurde verlautbart.

Marcel Legema, ein Vertrauter Lumumbas seit dessen Kindheit und fähiger Politiker, hatte Scholl-Latour bereits Ende Januar 1961 im »Hotel Regina« kontaktiert und ihm erklärt: Die Geschichte von der angeblichen Flucht sei eine schamlose Lüge. »Sie haben Lumumba umgebracht; sie haben ihn ermordet. Ich bitte Sie inständig, teilen Sie der Weltöffentlichkeit die Wahrheit mit. Lumumba ist für seine Ideale gestorben, als Held.« Scholl-Latour sandte die sensationelle, fürchterliche Nachricht an die Heimatredaktion 6.000 Kilometer entfernt nach Saarbrücken. Von den neun ARD-Sendern wurde sie lediglich von dreien kurz gemeldet. Das reichte nicht, um Aufmerksamkeit zu erregen. Alle redeten weiter von einer gelungenen Flucht. In vielen Städten Europas gab es dennoch Massenproteste. In Belgrad wurde die belgische Botschaft gestürmt. In London kam es zu Straßenschlachten mit der Polizei, in New York zogen Demonstranten vor den Sitz der Vereinten Nationen.

Doch erst Ende des 20. und Anfang des 21. Jahrhunderts wurde die Ermordung Lumumbas genauer betrachtet. »Nach der Veröffentlichung von de Wittes Buch 1999 bestätigte Soete seine Rolle bei der Ermordung. 2001 eröffnete das belgische Parlament die erwähnte Untersuchung und kam zu dem Schluss, dass Belgien moralisch verantwortlich sei für Lumumbas Tod. »Bei der Exekution waren Minister aus Katanga dabei, sie wurde ausgeführt von Gendarmen aus Katanga, aber auch ein belgischer Polizist und drei belgische Offiziere waren anwesend, so der Untersuchungsbericht.«[96] Im Februar 2002 entschuldigte sich die belgische Regierung formell beim kongolesischen Volk und gestand eine »moralische Verantwortung« und »einen unwiderlegbaren Teil der Verantwortung für die Ereignisse, die zum Tod Lumumbas führten«, ein.

1960 – tatsächlich ein »Afrikanisches Jahr«? Zur Geschichte gehört auch, dass die Generalversammlung der UNO zwar Ende 1960 die erwähnte Resolution 1514 zur Unabhängigkeit der Kolonien mit 89 Ja-Stimmen beschloss, sich jedoch immer noch neun Staaten von einigem Gewicht durch Enthaltung widersetzten: Frankreich, Großbritannien, Belgien, Portugal, Spanien und die USA sowie in ihrem Gefolge Australien, die Dominikanische Republik und Südafrika – und damit eben gerade jene allseits bekannten Kolonialstaaten bzw. von ihnen Abhängige –, die auf der Südhalbkugel eine ganze Epoche lang als Plünderer und Peiniger aufgetreten waren. Der mächtige Westen und Norden eines bipolaren Planeten gab dem Rest der Welt im Süden und Osten weiter zu verstehen, dass er sich nicht einfach den Hungerleidern und Aufbegehrenden ergeben würde und keinesfalls gedachte, sich von seiner seit Jahrhunderten praktizierten Hegemonie zu trennen. Er entzog sich dem Antikolonialismus durch Enthaltung.

Zwar war nunmehr UN-amtlich festgeschrieben, dass »die Unterwerfung von Völkern unter fremde Unterjochung, Herrschaft und Ausbeutung« völkerrechtswidrig sei. Und dass alle Völker »das Recht auf Selbstbestimmung« besäßen, kraft dessen sie frei über »ihren politischen Status, ihre Staats- und Regierungsform und ihre wirtschaftliche, soziale und kulturelle Entwicklung zu entscheiden« hätten. Doch Lumumba überlebte die Resolution keinen Monat.

War sein Panafrikanismus zunächst konzentriert auf die Schaffung eines einheitlichen, unabhängigen Kongo, blieben seine Visionen doch immer mit der Idee einer perspektivischen

Einheit Afrikas verbunden. Die Ermordung erzählt insofern nicht nur von der Furcht der Kolonialmächte, ihres Einflusses in den ehemaligen Kolonien tatsächlich verlustig zu gehen und eine Verschiebung des Ost-West-Kräfteverhältnisses an wichtiger Stelle erleben zu müssen. Die Ermordung handelt auch davon, dass sich afrikaweit – und darüber hinaus – neue, eher antikapitalistisch orientierte Staatengemeinschaften formierten und sich eventuell gar mit den existenten sozialistischen Projekten in Osteuropa, der Sowjetunion und in China auf eine Zusammenarbeit verständigen könnten.

Das war damals. Bis heute hält indes das Massensterben im Süden an, wie in den Kivu-Provinzen im Osten Kongos: Dort, wo 1965 Ernesto Che Guevara den Traum von einem befreiten Afrika als Guerillakommandant unterstützte, bedienen sich wie eh und je fremde Mächte am Coltan, an Gold, Diamanten und den anderen Schätzen. Auch nach Ende der globalen Bipolarität setzt das neokoloniale Konzept des kapitalistischen Machterhalts auf koloniale Methoden, auf Krieg, abgesteckte Einflusssphären, demontierte oder zerteilte Staaten, auf weiße Spezialisten in vielen Bereichen von Wirtschaft, Armee und Politik Afrikas, auf Rekolonisierung des Südens der Erdkugel.

»Unabhängigkeit« ist zunächst einmal nur ein Wort. Der Zerfall des Kolonialsystems führte nicht zu dessen Beseitigung. Jahrzehntelang hatte der Imperialismus mitansehen müssen, wie sich das Selbstbewusstsein der Unterdrückten entwickelte; wie das antikapitalistische Konkurrenzsystem mit der Sowjetunion als dessen Gründerin und auch mit China an Boden gewannen; und wie sich dessen ideologische Wurzeln zunehmend im Süden verfestigten. Dass heute, im Ringen um eine multilaterale Welt, die Gefahr, profitträchtiges Terrain zu verlieren, endlich wieder größer wird, ist auch Lumumba zu verdanken.

Im letzten Brief an seine Frau Pauline Opango Lumumba schrieb der Gefangene:

»Meine herzliche Liebe, ich weiß nicht, ob dieses Schreiben bei dir ankommen wird. Und wenn überhaupt, weiß ich dann auch nicht, ob bei dessen Eintreffen ich noch am Leben sein werde. (…) Weder Brutalität, Misshandlungen noch Tortur haben mich jemals dazu geführt, meine Peiniger um Barmherzigkeit anzuflehen, denn ich würde lieber hocherhobenen Hauptes, mit meinem unerschütterlichen Glauben an mein Land und dem tiefen Vertrauen zu ihm sterben, als in einem Zustand der Unterwürfigkeit und der Verachtung unserer heiligen Prinzipien zu leben. Die Geschichte wird eines Tages ein besonderes Wort zu melden haben, diese Geschichte wird aber die Geschichte des Kongos sein und nicht die, die in Brüssel, Washington, Paris oder bei der UNO gelehrt wird. Diese Geschichte wird auch jene sein, die in den vom Kolonialismus und dessen Hampelmännern befreiten Ländern gelehrt werden wird. Afrika wird seine eigene Geschichte schreiben, die vom Norden bis zum Süden der Sahara eine Geschichte der Glorie und der Würde sein wird. (…)

Es lebe der Kongo! Es lebe Afrika!«[97]

Nachtrag

Anfang 1963 hatte das Katanga-Projekt seine Schuldigkeit getan. Tschombé ging ins Exil. 1964 rief ihn Staatspräsident Kasavubu zurück und setzte ihn als Ministerpräsidenten ein. Als solcher besuchte er auch die BRD, wo er ihn Bundespräsident Heinrich Lübke empfing. Mit Belgien schloss er ein Beistandsabkommen. 1965 setzte ihn Kasavubu ab, bevor er selbst gestürzt wurde und Mobutu übernahm. Während dessen Diktatur in Zaire, wie das Land von 1971 bis 1997 hieß, entstanden 13 Milliarden Dollar Schulden. Zudem häufte Mobutu als »König der Diebe« ein Privatvermögen von vier Milliarden auf Schweizer Konten an. Kein Cent davon floss zurück in den Kongo.

Dag Hammarskjöld starb in der Nacht zum 18. September 1961 bei einem ungeklärten Absturz seines UN-Flugzeuges an der Grenze zwischen dem Kongo und Nordrhodesien, dem heutigen Simbabwe. Vermutet wurde, dass der Abschuss durch einen Piloten der Katanga-Söldner erfolgte, wohl auch mit Billigung der CIA und des britischen Geheimdienstes. Die Bitte Hammarskjölds zumindest um Luftunterstützung für seinen Katanga-Flug hatten Großbritannien und die USA negativ beschieden.

Die von Soete herausgebrochenen Zähne blieben weiter in Belgien, zuletzt verwahrt bei der Staatsanwaltschaft Brüssel. Erst 2020, auf dem Höhepunkt der »Black Lives Matter«-Bewegung, antwortete Belgiens König auf einen Brief der 67-jährigen Tochter Lumumbas, Juliana Lumumba, und sagte zu, die sterblichen Überreste zurückzugeben. Frau Lumumba: »Das ist für uns als Familie wichtig – noch wichtiger aber ist es für die Menschen in der Demokratischen Republik Kongo, denn seine Erschießung war gleichbedeutend mit dem Tod der Demokratie im Kongo.«

Der Autor Ludo de Witte wies indes darauf hin, dass sich die belgische Regierung weiterhin nicht ihrer Vergangenheit stellte: »Das Land hat noch immer keine komplette Verantwortung für die Exekution übernommen. Ja, es gab Entschuldigungen, Worte des Bedauerns. Aber das war alles passiv. Viel wichtiger: Der Tod Lumumbas führte zu Jahrzehnten der Diktatur und ziviler Unruhen, und diese sind klar verantwortlich für den Zustand, in dem sich das Land bis heute befindet«, so de Witte.[98]

V.
Che Guevara und Lumumba

Eine kubanische Guerillagruppe mit Che Guevara als Comandante versucht, im Namen des Internationalismus am Kongo-Strom Fuß zu fassen

> »Wie ist es möglich, dass wir vergessen, in welcher Weise die Hoffnungen Patrice Lumumbas verraten wurden, die er in die Vereinten Nationen setzte? Wie ist es möglich, jene Tricks und Manöver zu vergessen, die der Besetzung dieses Landes durch UNO-Truppen vorausgingen, unter deren Augen die Mörder dieses großen afrikanischen Patrioten ungestraft wirken konnten?«
>
> *Che Guevara vor der UN-Vollversammlung (1964)*[99]

Ende 1964 befand sich der Kongo, knapp vier Jahre nach dem Mord an Lumumba, in einem desolaten, instabilen Zustand. Auf Staatsebene herrschten Korruption, Willkür und Dilettantismus. Die Abspaltung der Kupferprovinz Katanga war zwar mit Hilfe von Blauhelmtruppen beendet worden, die territoriale Integrität der Republik wiederhergestellt – wenn auch lediglich auf dem Papier.

Die kongolesische Guerilla agierte in Süd-Kivu und Nord-Katanga, die Volksrepublik China schickte »Militärberater« nach Burundi zur Ausbildung der Rebellen, Unterstützung kam auch aus der Sowjetunion. Der 1964 aus dem Exil zurückgekehrte und nunmehr zum Premier des Kongo gekürte Tschombé verlegte Katanga-Gendarmen sowie südafrikanische, rhodesische, belgische und französische Söldner an die

Fronten. Belgien entsandte Offiziere, die »United States Air Force« beteiligte sich mit Transportflugzeugen an der militärischen Offensive. Darüber hinaus unterstützte die CIA die Regierung mit einem Luftwaffenkontingent, »das aus Exilkubanern bestand und ursprünglich für die Invasion in der Schweinebucht gebildet worden war«[100]. Unter Druck geraten, nahmen die Rebellen in Stanleyville europäische Zivilisten als Geiseln, belgische Fallschirmjäger befreiten diese, die Aufständischen wurden nach schweren Kämpfen mit vielen Toten aus der Stadt vertrieben.

Etwa zur selben Zeit ging Ernesto »Che« Guevara in New York auf den Mord Lumumbas ein und verwies, unter starkem Beifall vor allem der Länder des Südens, ausführlich »auf die schmerzlichen Ereignisse im Kongo«, die »einzigartig in der Geschichte der modernen Welt« seien. Er zitierte Fidel Castro: »Endet die Philosophie des Ausplünderns, dann endet die Philosophie des Krieges.« Und er konstatierte, dass am Kongo-Strom »die Philosophie der Ausplünderung (…) nicht nur nicht beendet (ist), sondern sie ist stärker denn je, und deshalb ermorden jene, die im Namen der Vereinten Nationen Lumumba getötet haben, heute im Namen der weißen Rasse Tausende von Kongolesen.«

Guevara erklärte zudem, dass »die letzte Stunde des Kolonialismus (…) geschlagen« habe. »Millionen von Einwohnern Afrikas, Asiens und Lateinamerikas haben sich erhoben, um ein neues Leben zu suchen; sie haben ihr Recht auf Selbstbestimmung und auf unabhängige Entwicklung ihrer Länder durchgesetzt.« Kuba wünsche ihnen »die größten Erfolge«. Wenig später verband sich dann sein geäußerter »Wunsch« mit handfestem Handeln – auch vor Ort und unter persönlicher Beteiligung des UN-Redners.[101]

Während der anschließenden zweimonatigen Reise durch Afrika reifte dieser Gedanke. Er war nicht neu, Guevara hatte ihn vor Jahren im direkten Kontext von Lumumbas Tod angedeutet, und er würde ihn 1966 in seiner Schrift »Mensaje a los pueblos del mundo a través de la Tricontinental« für den gesamten Trikont verdichten. Seine Botschaft an die Trikontinentale Konferenz in Havanna, Januar 1966, ein Treffen antikolonialer Nationen, durch das der Kampf gegen den Imperialismus in Afrika, Asien und Lateinamerika vorangetrieben werden sollte. Auf Deutsch erschien das Werk 1967 unter dem Titel »Schaffen wir zwei, drei, viele Vietnam« (Übers.: Rudi Dutschke und Gaston Salvadore), ein seinerzeit auch im Westen wirkungsmächtiger Aufruf zum bewaffneten Kampf.[102]

Von New York aus flog der Industrieminister Kubas in Richtung Afrika, landete zunächst in Algier und reiste dann über den Kontinent, »knüpfte Beziehungen zu den neuen progressiven Staatschefs, diskutierte mit Leitfiguren der Befreiungsbewegungen, sprach mit Studenten und Journalisten, besuchte Guerilla-Basen, Stauseen, zoologische Reservate, Naturschutzparks, neue Fabriken und führte Gespräche mit den Präsidenten der wichtigsten Länder der antikolonialen Bewegung«, so die Autoren des Buches »Das Jahr, in dem wir nirgendwo waren«.[103]

Stationen waren unter anderem: die ehemaligen französischen Kolonien Mali und Kongo-Brazzaville, die südlich des Kongo-Flusses gelegene Republik Kongo, wo Guevara den angolanischen Revolutionsführer Agostinho Neto traf. Dann Guinea, Ghana und Dahomey (ab 1975: Volksrepublik Benin, seit 1990 Republik Benin), am 30. Januar 1965 dann wieder nach Algerien. Von dort aus flog Guevara spontan nach China weiter, wo er von Außenminister Chou En Lai empfangen wurde.

Am 11. Februar 1965 schließlich kehrte er nach Afrika zurück, traf in Daressalam den tansanischen Präsidenten Julius Nyerere – ein Überraschungsbesuch: Guevara tauchte als Begleiter des kubanischen Botschafters Pablo Rivalta in Nyereres

Residenz auf, sprach mit ihm über die Unterstützung der revolutionären Befreiungsbewegungen. Später in Tansania gab es eine Begegnung mit lumumbistischen Kongolesen. Seine Eindrücke waren nicht die besten und erzeugten erste Skepsis: Die »Freedom Fighters«, wie Guevara sie nannte, die »in ihrer Mehrheit bequem in Hotels untergebracht lebten und aus ihrer Situation einen richtigen Beruf gemacht haben, ein lukratives und immer behagliches Gewerbe«, wirkten befremdlich auf ihn.

Seine gemischten Gefühle ließen vermuten, was ihn bei seinen zukünftigen Aktivitäten im Kongo am meisten zu schaffen machen könnte: eine abgehobene Arroganz von Teilen der Guerillaführer gegenüber ihren im Land kämpfenden Truppen. Die Freiheitskämpfer hätten sich als kubanische Unterstützung »zumeist militärisches Training auf Kuba und finanzielle Hilfe gewünscht«, so sein Eindruck. Zudem fiel »die außergewöhnliche Menge unterschiedlicher Meinungen und Tendenzen« auf.

Er reiste nach Kairo und wieder nach Algier, wo er auf einer Solidaritätsveranstaltung die Notwendigkeit betonte, die Beziehungen zwischen den sozialistischen Ländern und den nationalen Befreiungsbewegungen zu vertiefen. Diesen »Bruderländern« müssten uneigennützig »alle Mittel zur Verfügung gestellt werden, die sie zu ihrer Verteidigung benötigen«. Der Kolonialismus habe im Kongo »seine Klauen gezeigt, dies ist kein Zeichen von Macht, sondern von Schwäche«, befand der Politiker, die eigenen tragischen Rückschläge nicht ahnend.

Nach Zwischenstopp in Kairo kehrte er schließlich am 14. März 1965 nach Havanna zurück, wo ihn Fidel Castro am Flughafen erwartete. Über das Gespräch zwischen beiden wurde viel gerätselt. Wahrscheinlich habe im Mittelpunkt gestanden, »welche Schlussfolgerungen aus den Erfahrungen in Afrika gezogen werden sollten«, so André Scheer in seiner Che-Biografie.[104]

Im Anschluss tauchte Guevara nur noch selten auf in der Öffentlichkeit. Die Vorbereitungen für eine militärische Ausbildungsmission begannen; sie verliefen ebenso konspirativ wie jene für ausgewählte Experten und Ärzte auf einen Einsatz im Kongo. Dass Guevara die Delegation leiten würde, blieb geheim. Spekulationen darüber, wo er sich aufhielt, kursierten schnell und hielten monatelang an – bis zum Abzug der insgesamt etwa zweihundert Kubaner aus dem Kongo im November 1965.

Im Grunde genommen war der Einsatz im Kongo, mit kleineren Ausnahmen, eine Aneinanderreihung von Enttäuschungen gewesen, die mit Ankunft der kubanischen Männer am 24. April 1965 einsetzten. »Vom ersten Augenblick an kamen wir mit einer Wirklichkeit in Berührung, die uns während des gesamten Kampfes verfolgte, der fehlenden Organisation.« Ein Teil der kongolesischen Guerilla, der Nationale Befreiungsrat (CNL) unter Führung von Joseph Kabila und Gaston Soumaliot, hielt im April 1965 zwei Regionen im Zentrum und im Osten des Landes unter seiner Kontrolle, die Guerilla unter Christophe Gbenye weitere Gebiete.

Das »Expeditionskorps« aus der Karibik, wie Guevara es nannte, sei von der Bevölkerung begeistert empfangen worden. Jedoch wurde von den Einheimischen über die kongolesischen Kommandanten, darunter auch Kabila, in »offensichtliche(r) Feindschaft« gesprochen, so Berichte der Beteiligten. Denen wurde von Dorfbewohnern »mehr oder weniger vorgeworfen, sie seien dort nur Fremde, außerdem reisten sie bloß herum und seien nie dort, wo ihr Volk sie brauche«[105].

Ein großer Teil der kongolesischen Kämpfer und auch deren Kommandeure – aus welchen Gründen auch immer – zeigten sich wenig motiviert. Dass zudem die Kommunikation Guevaras zu Kabila und anderen Kommandanten monatelang, im Grunde während der ganzen Zeit im Land selbst, gestört blieb, kam erschwerend hinzu und erwies sich letztlich als entscheidendes Handicap. So hatte Kabila Guevara bis zu einem ersten Treffen im Kongo – sie waren sich vorher schon in Daressalam begegnet – nahezu drei Monate warten lassen, um nach wenigen Tagen ohne Klärung wichtiger Fragen wieder aus dem Basislager zu verschwinden. Kabila schien Guevara eher als lästigen Konkurrenten, denn als Gleichgesinnten zu sehen.

André Scheer zitiert Ulises Estrada Lescaille – dieser bereitete später auf Kuba Guevaras Bolivien-Einsatz vor –, demzufolge die Kubaner zunächst als »Militärberater« hätten agieren wollen, diese Funktion jedoch »beiseite schoben« und dann gemeinsam mit den Kongolesen kämpften, »da dies die effizientere Form des Guerillatrainings und für die Kampfmoral unserer Internationalen« gewesen sei.[106]

Im Dorf Baraka am Ufer des Tanganyika-Sees in Südkivu befand sich damals auch Lwendema Dunia an der Seite der Kubaner. Der spätere Generalmajor Kongos meinte 2011 gegenüber dem Reporter Martin Mateso von *France Tèlèvisions*: »Ich war einfacher Soldat, als die Kubaner landeten. Che Guevara hat uns gelehrt, wie man eine Revolution macht. Er hat uns militärisch ausgebildet und uns beigebracht, wie man eine Revolution macht. (…) Aber als wir anfingen, das Volk zu erpressen und die Ideale der Revolution mit Füßen zu treten, gingen sie.«[107]

Zu Guevaras eigenem Bedauern durfte nicht bekannt werden, dass er sich im Kongo aufhielt, weil die Tatsache zu diplomatischen Komplikationen hätte führen können. Es kursierten alle möglichen Gerüchte und Vermutungen, was mit ihm, der lange nicht auf Kuba öffentlich in Erscheinung getreten war, geschehen sei. Nach einigen Monaten jedoch hätten die US-Geheimdienste herausgefunden, dass Guevara im Kongo aktiv war. Sie hätten daraufhin die Bekämpfung der Aufständischen intensiviert, »engagierten Söldner und blockierten die Nachschubrouten der Rebellen über den Tanganyika-See«[108].

»Dies ist die Geschichte eines Scheiterns.« So beginnen die »Vorbemerkungen« zu Guevaras Kongo-Tagebuch. Neun Monate hielt sich der argentinisch-kubanische Revolutionär in dem in vielerlei Beziehung bedeutenden zentralafrikanischen Land am Kongo-Fluss auf, führte Tagebuch, machte sich seine Notizen, kritisch und realistisch. Ob diese je veröffentlicht werden würden, wusste er nicht. Das hing auch, wie er selbst meinte, vom weiteren Verlauf der Geschichte ab. Es dauerte 34 Jahre, bis 1999 seine Tochter Aleida Guevara March, eine kubanische Ärztin und Politikerin, das Vorwort für das Buch »Etappen des revolutionären Kampfes: Kongo« – so der eigentliche Titel von Ches Aufzeichnungen – verfasste. Sie teile zwar nicht die Auffassung ihres Vaters, es handle sich um ein Dokument des Scheiterns, befand aber: »Natürlich kann man von einer Niederlage sprechen, doch ich persönlich glaube, dass es ein Heldenepos war.«[109]

Wer die Tagebücher heute liest, kann ihr, was ihre Heldenapologie betrifft, weitgehend recht geben: Beeindruckend, wie die meisten Kubaner mit den in der Regel misslichen und verfahrenen Lagen umgingen und dabei an ihren ethisch-moralischen Wertevorstellungen festhielten. Guevaras Wille zum Sieg und sein Umgang mit dem bitteren Ende machen zumindest nachvollziehbar, warum er in den Sechzigern zur Ikone des weltweiten Befreiungskampfes wurde und es blieb.

Das kongolesische Tagebuch ist aber zugleich mehr als nur der Bericht vom bewaffneten Kampf. Es handelt auch von den historischen Folgen: Nicht nur vermochte es die Guerilla nicht, die fortschreitende Neokolonisierung des Landes zu stoppen oder gar eine Wende zu einer tatsächlichen Unabhängigkeit zu bewirken; sie erlebte letztlich, dass der Traum von einem einheitlichen, von Fremdbestimmung befreiten Kontinent, den so viele Protagonisten der Unabhängigkeit propagiert hatten, ausgeträumt war – vorerst vielleicht, aber doch vorbei. Das bei der Unabhängigkeitsfeier am 30. Juni 1960 von Patrice Lumumba eindringlich formulierte Vorhaben, eine neue, freie, selbstbestimmte Republik Kongo aufzubauen, war gescheitert.

200 bewaffnete Kämpfer im Kongo – bei der Landung der »Granma« auf Kuba Ende 1956 waren es 84 gewesen, von denen dann allerdings gleich nach Ankunft des kleinen Schiffes viele bei Luftangriffen getötet oder verhaftet wurden, sich verirrten oder verschollen. Einige schlossen sich auch dem städtischen Untergrund an. Jedenfalls nahm im Dezember des Jahres zunächst ein Trupp von lediglich noch 21 Männern unter der Führung von Fidel Castro den bewaffneten Kampf in der Sierra Maestra auf, der gut zwei Jahre danach erfolgreich endete. Der Kongo indes war 21-mal so groß wie die karibische Insel, er war den Kubanern fremd, auch wenn deren Vorfahren aus Westafrika stammten und irgendwann vor Generationen von dort als Sklaven verschleppt worden waren. Sie kannten die Sprache nicht, und Che Guevara würde es später als »Fehler« einschätzen, zu lange auf sein Französisch gesetzt und nicht sofort Suaheli gelernt zu haben. So blieben die Kubaner für die Bevölkerung Fremde.

Das Jahr, in dem Guevara nirgendwo war, wurde vorzeitig abgebrochen. Fidel Castro schrieb: »Wenn unsere Anwesenheit nach Tatus (Che Guevaras Kampfname) Einschätzung nutzlos geworden und nicht mehr zu rechtfertigen ist, müssen wir daran denken, uns zurückzuziehen.« Das geschah neun Monate nach Beginn. Die letzte Entscheidung Tatus lautete: die Basis zerstören, »damit der Feind die Funkstationen und andere wichtige Dinge nicht in die Hände bekommt«. So der Guerillero Videaux aus Santiago. Am 21. November 1965 zog Guevara ab. Drei verschollene Kubaner mussten bei dem turbulenten Abzug zurückgelassen werden. Sie wurden später evakuiert. Castro meinte: »Diese Bewegung stand noch am Anfang, es mangelte ihr an Stärke und Einheit. Am Ende waren es die Revolutionsführer der früheren belgischen Kolonie selbst, die beschlossen, den Kampf einzustellen, und unsere Leute wurden abgezogen.«[110]

Nachtrag

Nach dem Abzug der Kubaner lösten sich auch die Strukturen der verbliebenen kongolesischen Guerilla weitgehend auf. Von ihrem Kommandeur Laurent-Désiré Kabila (1939–2001) hatte Guevara wenig gehalten. Der gehörte dann 1967 zu den führenden Leuten der Parti de la Révolution Populaire (PRP), deren bewaffneter Arm – die FAP – den Kampf in Süd-Kivu und Nord-Katanga bis in die 1980er Jahre fortsetzte, wie auch die Front National de Libération du Congo (FNLC), deren Einheiten 1978 in Katanga mit dem Ziel eindrangen, Mobutu zu stürzen. Sie besetzten einige Städte und die Eisenbahn und erreichten das Zentrum der Kupferregion, die Stadt Kolwezi. Erneut sorgten ausländische Söldner mit Unterstützung von Frankreich, Belgien und den USA dafür, dass sich die Guerilla zurückzog. Die Lage im Lande indes blieb gespannt.

Kabila verließ nach einer Niederlage den Kongo. Er betätigte sich fortan als Goldhändler in Tansania und trat in der Region Kivu erst 1996 wieder in Erscheinung als Führer der nunmehr mit Unterstützung der USA gegründeten »Alliance des Forces Démocratiques pour la Libération du Congo (AFDL)«.

Diese war vor dem Hintergrund des Genozids in Ruanda 1994 und den folgenden Kämpfen mit den Truppen des Diktators Mobuto um die bodenschatzreiche Provinz Kivu entstanden. Soldaten der AFDL marschierten schließlich, unterstützt von ruandischen und ugandischen Truppen, bis nach Kinshasa. Verhandlungen zwischen Mobutu und Kabila unter Vermittlung Nelson Mandelas scheiterten, der verhasste Diktator verließ das Land. Am 17. Mai 1997 übernahm Kabila die Präsidentschaft als Hoffnungsträger – und erfüllt die in ihn gesetzten Erwartungen nicht.

Es folgte unter anderem ein weiterer Krieg um die Rohstoffe in der Kivu-Provinz zwischen von Ruandas Tutsi-Regierung ausgestatteten Truppen und der Armee. Im Januar 2001 starb Kabila bei einem Attentat. Nachfolger wurde sein Adoptivsohn Joseph Kabila. Ende 2002 unterzeichneten alle kongolesischen Konfliktparteien ein Friedensabkommen, das eine unbefristete Waffenruhe und eine Machtteilung vorsah. Bis dahin hatte der Krieg 1,7 Millionen Menschenleben gekostet.

Kabila junior blieb Präsident bis 2018, hatte ungeheure Reichtümer – nicht in der Größenordnung eines Mobutu, aber doch immens – angehäuft, wurde nach Wahlen, zu denen er nicht mehr kandidieren konnte, zum »Senator auf Lebenszeit« ernannt und so vor einer möglichen Strafverfolgung geschützt. »Gemäß UNO-Berichten stehen Kabila und seine politischen Handlanger im Verdacht, jährlich Millionen Euro an gestohlenem oder von den Minengesellschaften überwiesenem Korruptionsgeld auf ihre Schweizer Privatkonten verschoben zu haben.«[111]

Der Zugriff auf die Schatzkammer des Landes liegt weiter in fremder Hand.

VI.
Der Kongo und wir

Über die Nachhaltigkeit von Lumumbas Ideen: Zum aktuellen Umgang des Nordens mit den Reichtümern und den Arbeitskräften des Südens

> Nach seinem Tod, nach seiner Ermordung, wird Lumumba für die Kolonialisten eine größere Gefahr bedeuten als zu seinen Lebzeiten.
>
> *Aimé Césaire*[112]

> Trotz seiner kurzen politischen Karriere und seines tragischen Todes – oder vielleicht gerade deswegen – ging Lumumba durch die Haustür in die Geschichte ein: Er wurde sowohl Flagge als auch Symbol. Er lebte als freier Mann und unabhängiger Denker (...), der seine Berufung als Befreier kannte. Er bedeutet für den Kongo, was Castro für Kuba, Nasser für Ägypten, Nkrumah für Ghana, Mao Tsetung für China und Lenin für Russland sind.
>
> *Thomas Kanza, Freund und Kollege von Lumumba (1972)*[113]

Was bleibt außer Trauer, Wut, herausgebrochenen Goldzähnen und den kaum fassbaren Konsequenzen der Ereignisse um Patrice Lumumba? Einige Denkmäler erinnern an den großen Afrikaner. In Kinshasa-Limete steht seit 2002 eine Lumumba-Statue, errichtet nahe des Nationaldenkmals »Tour de L'Échangeur«. In der Leipziger Lumumbastraße 4, vor dem Herder-Institut, in dem ausländische Studierende auf ein Fachstudium in der DDR vorbereitet wurden, wurde 1961 eine Büste für den kongolesischen Nationalhelden aufgestellt. 1997 von Unbekannten zerstört, entstand 2010 ein neues Denkmal, finanziert mit privaten Spenden. Die ehemalige Lumumba-Universität in Moskau wurde 1992 in Universität der Völkerfreundschaft zurückbenannt, bleibt aber im Gedächtnis. Zahlreiche Straßen in aller Welt tragen seinen Namen.

Vor allem bleibt aber hoffentlich das Werk des Ermordeten und manchmal auch der hypothetische, hochspannende Gedanke, was aus dem Kongo und aus Afrika hätte werden können, wenn Patrice Lumumba erfolgreich hätte sein dürfen. Dazu kam es nicht. Stattdessen hat ihn sein Martyrium zum Symbol des globalen antikolonialen Widerstands gemacht. Auch nach Jahrzehnten ist er Inspiration für all jene, die für eine gerechte Welt und also gegen den Imperialismus kämpfen. So viel – und das ist sehr viel – bleibt.

Was ist inzwischen aus dem Kongo und Lumumbas Afrika geworden? Einerseits hat sich vor allem international manches getan. Schien zunächst nach 1990 alles auf eine unipolare Weltordnung zu deuten, so relativierte sich die Vormachtstellung des Imperiums inzwischen wieder stark, eine Art neuer Systemkonkurrenz formierte sich nach dem Ende des für manche Befreiungsbewegung so wichtigen europäischen Sozialismus und fördert heutzutage antikoloniale Tendenzen.

Die Rohstoffe des Kontinents werden immer wichtiger. Wie seit Langem die begehrten Vorkommen an Öl, Gas, Kupfer, Uran, Diamanten, Gold, so seit einiger Zeit besonders jene für Hightech unverzichtbaren Lithium und Coltan (Kobalt), Columbit-Tantalit, ein kostbarer Stoff, ohne den Handys und Spielkonsolen nicht denkbar sind und die gesamte Raumfahrt nebst Satellitenwesen nicht möglich wäre. Zudem lagern in Afrika die weltweit größten Vorkommen an Platin, neue Ölfelder wurden vor den Küsten Kongos und Namibias entdeckt. Anders ausgedrückt: Das industrielle Wachstum im Norden würde ohne Afrika und sein Zentrum, die Große-Seen-Region, nicht funktionieren, und das Selbstbewusstsein derjenigen, die darüber verfügen, wächst.

Andererseits: Coltan beispielsweise wird gefördert unter erbärmlichen Bedingungen, die ein Licht werfen auf den altbekannten, ekligen Zustand der kolonialen und neokolonialen Gesellschaft aus Bereicherung, Korruption, Verslumung, Hunger, Naturkatastrophen und sonstigem Elend. Das Erz wird in der nordöstlichen Region mit der Stadt Bunia als Zentrum von zehntausend oder mehr schwarzen Sklavenarbeitern abgebaut und in alle Welt verkauft. Der von ruandisch-gestützten Militärs und bewaffneten Banden geführte Krieg im Osten hält nun schon seit den 1990er Jahren an. Eine hohe Zahl an Binnenvertriebenen belasten das Land ebenso wie die wachsende Ernährungsunsicherheit.

Zugleich stehen Regierungen und Konzerne Schlange vor der Schatzkammer. Deren afrikanische Schlüsselbesitzer haben sich – bei allen sozialen Gegensätzen und geografischen Unterschieden – auch vor diesem Hintergrund zunehmend darauf eingestellt, trägt der globale Wettkampf um Einflusssphären doch die Möglichkeit in sich, überkommenen Diktaten kolonialen Charakters zu entgehen. Vor allem China seit langem, Russland zunehmend und neuerdings auch die Türkei geben international den Takt vor, indem sie Kooperationen zu gegenseitigem Nutzen anbieten und eben nicht zur Profitmaximierung und Selbstbereicherung einzelner: Rohstoffe gegen Know-how, gegen Infrastruktur in sozialen und verkehrstechnischen Bereichen, sowie perspektivisch – noch zurückhaltend – für eine industrielle Weiterverarbeitung vor Ort.

Auch wenn Versuche der ehemaligen Kolonialmächte und den großen westlichen Gesellschaften zu beobachten sind, sich nicht geschlagen zu geben, ähnliche Schritte zu machen und also den Pfad der autoritären Bevormundung zu verlassen: Die historischen Erfahrungen Afrikas mit dem Kolonialismus wirken sich – offensichtlich zunehmend – negativ auf das Verhältnis des Südens insgesamt zum Norden aus. Das herrschende antiwestliche Misstrauen befördert eigenständiges Handeln der Postkolonialen in Ökonomie und Politik und stärkt Souveränitätsbestrebungen als Grundhaltung.

Der neue, globale »Scramble for Africa«, in Anlehnung an den kolonialen Wettlauf im Kontext der Berliner Konferenz 1884/85, ermöglicht dem Zielkontinent neue Bedingungen bei der Partnerwahl. Die internationalen Zusammenschlüsse der Länder des Südens, deutlich erkennbar in den expandierenden Wirtschaftsbündnissen BRICS und der »Gruppe der 77«, in deren 134 Mitgliedsstaaten nahezu 80 Prozent der Weltbevölkerung leben, widersetzen sich recht erfolgreich dem angeschlagenen unipolaren Herrschaftskonzept.

Der Norden scheint dem kein adäquates Mittel entgegensetzen zu können. Mit den USA als Führungsmacht eskaliert er im Gegenteil daraus erwachsende Konflikte. Als Konsequenz rüstet er militärisch in bisher ungeahnten Maßstäben auf – Ausgang offen wie auch die Frage, ob der Imperialismus als aggressives Profitsystem grundsätzlich überhaupt dazu in der Lage ist, globale Beziehungen auf Augenhöhe zu praktizieren. Sämtliche staatlich ausgerichteten Entwicklungskonzepte der Vergangenheit wie das jahrzehntelang großspurig propagierte Konzept der »Hilfe zur Selbsthilfe« oder andere Projekte der »Entwicklungshilfe« zumindest sind unter neokolonialen, paternalistischen Vorzeichen kläglich gescheitert.

In Lumumbas reichem Land am Kongo-Fluss, das mit seiner Kolonisierung vor über 140 Jahren ins Verderben geschleudert wurde, leben heute annähernd 100 Millionen Menschen. Zwei Drittel von ihnen oder mehr kämpfen jeden Tag ums Überleben. Für sie sind Hunger, Armut, Bildungslosigkeit, Unsicherheit, Zukunftslosigkeit Alltag. Ihr Durchschnittseinkommen liegt bei täglich zwei Dollar. Warum gehört eines der reichsten Länder der Erde zu den weltweit zwölf ärmsten? Warum hat das wasserreichste Land Afrikas kaum Wasser?

Die vormaligen Kolonialstaaten behaupten wie einst Baudouin I. bei seiner fatalen Rede 1960 in Élisabethville, der Kolonialismus sei nunmehr historisch. Sie selbst seien keine kolonialen Mächte, sondern hätten dem globalen Süden die Unabhängigkeit gewährt. Wenn überhaupt seien die Verhältnisse »postkolonial«. Im selben Atemzug bedienen sich »die Ehemaligen« weiter ungeniert in jenen nun »unabhängigen« Ländern oder vermarkten dort ihre subventionierten Waren und holen sich, weiterhin in den Fußstapfen ihrer Großväter, die Reichtümer aus dem in Armut verharrenden Süden. Derweil häufen sie unvorstellbare Reichtümer an, die jeden Menschen, der Zahlen lesen kann, vor allem deswegen erschaudern lassen, weil sich hinter der ungleichen Verteilung der Güter Jahrhunderte nach der Idee von Freiheit, Gleichheit, Brüderlichkeit ein unfassbares Maß an Unrecht verbirgt.

Ein selbstbewusst gewordener Kontinent befindet sich in einer neuen Phase der Wende weg von der neokolonialen Unterdrückung. Gerade von dieser aber profitieren immer noch und allzu oft, wie bereits während Lumumbas Wendeversuch 1960, Firmenimperien nördlich des Mittelmeers und westlich des Atlantiks, unterstützt meist von korrupten nationalen Eliten in den betroffenen Ländern.

Vor Ort erzeugen sie zudem immer deutlicher sichtbar werdende ökologische Schäden in gigantischem Umfang. Dieser Zustand wiederum erzeugt Fluchtbewegungen von Süd nach Nord, die längst zu einem Kennzeichen der derzeitigen Übergangsepoche geworden sind. Der Norden gedenkt sie militärisch zu bewältigen – und nicht etwa, wie es vernünftig wäre, durch eine echte Anerkennung des Rechts der Völker, über sich selbst zu bestimmen und ihre Potenzen frei zu entwickeln.

Neben den kollektiv gemachten negativen Erfahrungen des Südens mit dem Norden gab es auch phasenweise gegenteilige Erlebnisse: So wirken die Erinnerungen an die Zeiten der Blockkonfrontation und die von einem solidarischen Grundgedanken gespeisten Bemühungen des europäischen und chinesischen Realsozialismus der Vor-1990er-Jahrzehnte nach. Nicht vergessen ist vor allem dessen Unterstützung der Befreiungsbewegungen.

»Die modernen Beziehungen«, so Cobus van Staden vom South African Institute of International Affairs (SAIIA), »gehen auf den antikolonialen Kampf Afrikas und die Bildung der blockfreien Bewegung in Bandung (Indonesien) im Jahr 1955 zurück.« So sei Peking ein wichtiger Lieferant von Infrastruktur, unter anderem Bahnanlagen, für Afrika gewesen. »Und sie gab einen Vorgeschmack auf Chinas Selbstverständnis als eine Macht mit einer globalen Agenda – eine, die Afrika mit einbezieht.« Im Jahr 2000 wurde die Beziehung durch das Forum für die Zusammenarbeit zwischen China und Afrika (FOCAC) formalisiert, »China wurde schnell zu einem wichtigen Infrastrukturbetreiber auf dem Kontinent und 2009 zu seinem größten Handelspartner«.[114]

Trotzdem liegen bei den Investitionen die USA (45 Milliarden US-Dollar) sowie die drei europäischen Ex-Kolonialstaaten Großbritannien, Frankreich und die Niederlande im Ranking vorn. »Firmen und Investoren aus dem Vereinigten Königreich investierten 60 Milliarden US-Dollar, französische und niederländische Firmen und Investoren kamen jeweils auf 54 Milliarden US-Dollar.«[115] Auch wenn folglich Peking weniger investieren mag, wirkt allein schon die Existenz verschiedener Pole in der Weltpolitik wegen des Konkurrenzverhältnisses der Bewerber und vor allem wegen derer gegensätzlichen Konzepte anregend.

Spektakulärstes Beispiel dafür, mit welcher Macht unter anderem der Internationale Währungsfonds (IWF) als globaler

Wirtschaftslenker des Kapitals gegensteuert, ist die Demokratische Republik Kongo (DRK). So war im Herbst 2007 der Megadeal zwischen ihr und der Volksrepublik China bereits nahezu unter Dach und Fach, als der IWF seine Daumenschrauben anlegte und ein bis dahin einmaliges Joint Venture stoppte. Beteiligt daran waren drei chinesische Firmen mit 68 Prozent und das kongolesische Minenunternehmen Gécamines mit 32 Prozent.

Das Geschäft umfasste die Förderung von zehn Millionen Tonnen Kupfer und 600.000 Tonnen Cobalt einerseits. Dafür würde die neue Gesellschaft neun Milliarden US-Dollar in die Infrastruktur investieren: ein Drittel zur Wiederherstellung der Minen, zwei Drittel in Verkehrswege – Straßen- und Eisenbahnnetz, Flughäfen – sowie die Errichtung von 31 Krankenhäusern, 145 Gesundheitszentren, 5.000 Sozialwohnungskomplexen, zwei Wasserkraftwerken und zwei Universitäten. China würde das benötigte Geld zunächst einmal vorstrecken, sodass das Projekt direkt hätte in Angriff genommen werden können.

Der Vertrag sei das wichtigste Dokument für den Kongo seit langem, hieß es, und in Folge würde das Land zu einer riesigen Baustelle werden, wobei alle Beteiligten profitieren würden. Der damalige Präsident Joseph Kabila hätte damit der durch anderthalb Jahrzehnte Krieg geschundenen und ausgemergelten Bevölkerung demonstrieren können, dass ihr der Reichtum an Bodenschätzen entgegen allen bisherigen Erfahrungen tatsächlich zugute kämen – anders als in den Jahrzehnten der Herrschaft von Mobutu Sese Seko (1965-1997), dem »Leopardenmützenmann«, der als Handlanger westlicher Konzerne Land und Leute bis aufs Hemd ausgeplündert und im Laufe seiner Herrschaft die vorhandene Infrastruktur in allen Bereichen heruntergewirtschaftet und das Erbe Lumumbas mit Füßen getreten hatte.

Der Kongo war wie eine Zitrone ausgepresst worden. 13 Milliarden US-Dollar Schulden hatten sich während der Mobutu-Diktatur im Norden angehäuft – auf die ebenfalls genannten vier Milliarden Dollar schätzte die CIA bereits Ende der 1980er Jahre das Privatvermögen des »Königs der Diebe«.[116] Jean Ziegler meinte 1997, allein auf Schweizer Konten hätte der Mobutu-Clan vier Milliarden US-Dollar gebunkert.[117]

Nun aber stieg China ein, wollte zwar auch an die Schätze in den Provinzen Katanga und Kivu, versprach dafür jedoch offenbar sinnvolle Entwicklung. Mit dem Deal war Peking zugleich auf gutem Wege, eine politökonomische Konzeption für die Beziehungen zum afrikanischen Kontinent insgesamt zu etablieren, die für den Bruch mit den neokolonialen Abhängigkeiten hätten stehen können. Folgerichtig gerieten die prowestlich ausgerichteten Organisationen IWF und Weltbank in Panik und veranstalteten einen Kassensturz, dessen Ergebnis dazu diente, den kongolesisch-chinesischen Vertrag auszuhebeln.

Der IWF führte gegenüber Kinshasa nun die Auslandsschulden, über ein Jahrzehnt nach Sturz ihres Verursachers Mobutu, ins Feld und sicherte sich so seinen Einfluss auf das an den Rand der Zahlungsunfähigkeit gedrängte Land: Neun der 13 Milliarden Dollar könnten gestrichen werden, wenn – so eine der Bedingungen – der Vertrag mit China revidiert würde. Kinshasa blieb keine Wahl. Ein neues Abkommen von wesentlich geringerem Umfang wurde mit Peking ausgehandelt. Der Nutzen hielt sich in Grenzen.

Heute ist der Kongo weiter ein instabiles Land, wie eh und je bedient sich eine parasitäre Schicht selbst, und ein ganz kleiner Teil der Elite lebt in Luxus. Trotz Wahlen, wechselnder Personen in der politischen Führung im parlamentarischen System des Landes sowie vollmundig ausgerufenen Reformvorhaben hat sich, im Gegensatz zu antikolonialen Tendenzen in anderen Teilen des Kontinents, wenig Positives getan.

27 Millionen der rund 100 Millionen Einwohnerinnen und Einwohner sind nach Angaben der Vereinten Nationen auf humanitäre Hilfe angewiesen. Mehr als sechs Millionen Menschen waren Mitte 2023 innerhalb des Kongo auf der Flucht. Ob die MNC als Partei Lumumbas, unter Mobutu verboten, 1992 neu gegründet und heute unter Leitung von Patrice Lumumbas ältestem Sohn, eine wichtigere Rolle einnehmen kann und unter welchen programmatischen Inhalten, lässt sich nicht vorhersagen.

Als 2022 in Brüssel Lumumbas Goldzahn seinen Nachkommen überreicht wurde, war dem grotesken Vorgang eine heuchlerische Zurschaustellung kolonialer Schuld vorausgegangen: Belgiens König Philippe brachte zwar »tiefstes Bedauern über diese Wunden der Vergangenheit« zum Ausdruck, ging aber nicht so weit, sich formell zu entschuldigen. Er bot auch keine Reparationen für die Verwüstungen an, die Belgien im Kongo angerichtet hat.[118] Deutlich wurde lediglich, »dass die ehemaligen Unterdrücker den Kongo trotz angeblicher ›Dekolonialisierung‹ noch immer fest im Griff haben«, so das Magazin *Jacobin*.

Die Einflussnahme reduziert sich keinesfalls auf aktualisierte Relikte und deren Ableger aus vergangenen Zeiten. Die Herrschaft hat weitere Formen entwickelt, mit denen sie auftritt: einerseits in bewährter, in ein postkoloniales Gewand gekleideter Gestalt als Ausplünderer der Schatzkammern und als Ausbeuter der Menschen, die ihr die Schätze heben. Andererseits als seit langem verantwortlicher Umwelttäter, der seine Allmacht seit Beginn der Industrialisierung auf eine Produktionsweise baut, die zerstörerisch auf die Natur wirkt. Deren ökologische Folgen treffen mit dem globalen Süden jene Regionen der Erde besonders, die sie nicht verursacht haben.

In der Klimakrise, deren zukünftige Folgen noch unabsehbar sind, sich aber gehäuft andeuten, befinden sich zwar, frei nach Greta Thunberg, alle im Sturm, aber nicht alle im selben Boot. Thunberg auf dem Weltwirtschaftsgipfel in Davos im Januar 2019: »Einige Leute, einige Unternehmen, vor allem einige Entscheidungsträger haben genau gewusst, welchen unbezahlbaren Wert sie opfern, um weiterhin unvorstellbare Mengen Geld zu verdienen. Und ich glaube, viele von Ihnen, die heute hier sind, gehören zu dieser Gruppe Menschen.«[119]

Wie schon in der Vergangenheit der Kolonialreiche, als die Arbeiter in den Werkstätten der kapitalistischen Industrie die im Süden geraubten Güter zwar veredeln durften, aber nicht von ihrer Arbeit profitierten und sich häufig auch viele der geraubten Kolonialwaren nicht leisten konnten, wuchsen die Vermögen der Herrschenden ins Unermessliche. Die Grenzen verliefen schon damals nicht zwischen den Völkern, sondern zwischen Arm und Reich.

Zugleich lebt der globale Norden – also im Wesentlichen die ehemaligen Kolonialstaaten – auch ökologisch auf Kosten des Südens, der heute die schwersten Folgen des Klimawandels trägt. Die Länder mit den niedrigsten Werten von Treibhausgasen leiden am stärksten unter den Folgen der schädlichen Emissionen. Überkommene, als Neokolonialismus fortgesetzte Abhängigkeiten des Südens erweitern sich um die ökologische Variante. Die neuen kolonialen Grenzen der Ökologie verlaufen nicht nur zwischen Nord und Süd, Kontinenten und Klimazonen, sondern auch zwischen Betroffenen und weniger Betroffenen. Zudem sind die Betuchten unter den weniger Betroffenen materiell privilegiert und können sich von den Folgen wie Hitze, Waldbrände, Dürre, Orkane, Hurrikans, Monsune, Starkregen, Überflutungen, Polschmelze individuell freikaufen.

Die von Menschen gemachte, von der kapitalistischen Produktionsweise herausgeforderte Klimakrise ist überall spürbar – mit fatalen Auswirkungen auf die Ernährungslage, insbesondere in Ländern des globalen Südens. Bis zu 828 Millionen Menschen hungern weltweit. Die Folgen der Klimakrise sind zu zentralen Ursachen für Hunger und Armut geworden. Die Zahl der Naturkatastrophen hat sich, bedingt durch den Klimawandel, seit 1990 mehr als verdoppelt. Die Anzahl der Menschen, die hungern, könnte aufgrund der Klimakrise bis zum Jahr 2080 noch um weitere 600 Millionen steigen.[120]

Besserung ist nicht in Sicht: Prognostiziert wird unter anderem eine Verdoppelung der Zahl der Hungernden in Afrika und im Nahen Osten. »Langfristig drohen auch immer dramatischere Folgen des Klimawandels« für die Landwirtschaft, was den unerlässlichen Ausbau von Nothilfe erschwert.[121]

Die Schäden durch Klimakatastrophen sind nicht nur für die Menschen und ihre Existenz verheerend, sondern verursachen auch erhebliche finanzielle Kosten. Der individuelle Wasserstoffverbrauch im Süden ist um ein vielfaches geringer als im Norden. Und innerhalb des Nordens ist der Fußabdruck des einzelnen zwar relativ hoch, doch gibt es bei den Betroffenen weitere Differenzierungen: Manche sind, frei nach George Orwell, gleicher als andere. Die neuen kolonialen Grenzen der Ökologie verlaufen nicht nur zwischen Nord und Süd, Kontinenten und Klimazonen.

Ökologie und Ökonomie sind eineiige Zwillinge. Der globale Süden ist das Opfer einer untragbaren Weltordnung. Deren Verfasstheit erzeugt milliardenfaches Unrecht und verlangt nach Änderung: Patrice Lumumba geriet seinerzeit mitten in die Turbulenzen einer historischen Umbruchsituation. Es ging nicht mehr so weiter wie bisher, die unten wollten nicht mehr, die oben konnten nicht. Vorbereitet darauf waren beide nicht, und die oben zudem nicht bereit, die dringend notwendige Umwälzung der Herrschaftsverhältnisse zuzulassen. Indem sie sich, ausgehend von den Brüsseler Runden Tischen 1960, an ihre Vergangenheit klammerten und nach Wegen suchten, für sich zu retten, was zu retten war, egal, mit welchen Methoden, verbauten sie den Weg zu einer gerechten Ordnung – ökonomisch wie ökologisch.

Niemand weiß, wie der Kongo ausgesehen hätte, hätte sich Lumumba gegen seine übermächtigen Gegner durchgesetzt. Nach dem, was folgte und heute – mit fürchterlichen Konsequenzen für die gesamte Menschheit – fortgesetzt wird, ist lediglich eines klar: Lumumbas Gedanken sind aktueller denn je.

Anhang

Anmerkungen

1 Sartre, S. 90 *[ausfürhlichere Literaturangaben von Buchtiteln s. u.]*
2 Joseph Conrad, S. 253-382
3 Loth, S. 26
4 Hochschild, S. 75
5 Hochschild, S. 72
6 Vuillard, S. 47 f.
7 Hochschild, S. 84
8 zitiert nach: Parry Blankson: Der Kampfgeist von Patrice Lumumba lebt weiter, in: Jacobin, 13.7.2022 (jacobin.de)
9 Loth, S. 34
10 v. Paczensky, S. 161
11 Loth, S. 39
12 Hochschild, S. 117
13 vgl. Schumann 2021, S. 66-68
14 Hochschild, S. 120
15 Ebd.
16 Loth, S. 40
17 Hochschild, S. 229
18 Vuillard, S. 73
19 v. Paczensky, S. 139
20 Hochschild, S. 321
21 Der Spiegel, 13.9.2013
22 Lindsay, S. 37-40
23 Hochschild, S. 321
24 Conrad, S. 348
25 Sartre, S. 122
26 Sartre, S. 85
27 zitiert nach: engl. Wikipedia-Eintrag »Patrice Lumumba«: en.wikipedia.org/wiki/Patrice_Lumumba
28 Loth, S. 114
29 en.wikipedia.org/wiki/Patrice_Lumumba

30 Lumumba: Congo. My Country, S. 47, Übers.: G. S.
31 Sartre, 107
32 Die Übers. des frz. Titels lautet: Der Kongo. Land der Zukunft. Ist er bedroht?; engl. Ausgabe des Titels: Congo. My County, a.a.O.
33 Legum, XIII
34 Van Reybrouck, S. 290, dort zitiert nach De Vos, 1961, S. 62
35 Raoul Peck, 2000 (Spielfilm)
36 Van Reybrouck, 288
33 Legum, S. XI (Vorwort in Lumumba: Congo)
38 Zitat nach Rückmann, S. 175
39 Peck (2000)
40 Van Reybrouck, 288
41 Zitiert nach Rückmann, S. 175
42 Rückmann, S. 170f.
43 Rückmann, S. 171f.
44 Sonderegger, S. 102
45 Nkrumah 1957, S. 109
46 Sonderegger
47 Sartre, S. 8
48 Sonderegger, S. 197
49 Van Reybrouck, S. 294
50 Kongos Unabhängigkeit – BelgienNet – Das Informationsportal über Belgien
51 Belgo-Kongolesische Konferenz des Runden Tisches, Brüssel, Impr. C. Van Cortenbergh, 1960, S. 43f. Übers.: Thomas Schmidt
52 zitiert nach Legum S. X.
53 Sartre, S. 83
54 Legum, S. XIII
55 Legum, S. XIV
56 Sartre, S. 104
57 en.wikipedia.org/wiki/Patrice_Lumumba
58 en.wikipedia.org/wiki/Patrice_Lumumba
59 Lumumba 1956, S. 76
60 Lumumba 1956, S. 77
61 Van Reybrouck, S. 322
62 Kongos Unabhängigkeit – BelgienNet – Das Informationsportal über Belgien
63 dito
64 Grand Kalle et l'African Jazz – Independance Cha-Cha Songtext, Musixmatch

65 Ziegler (2016), S. 191
66 Scholl-Latour (2001), S. 248
67 Van Reybrouck, S. 325
68 Leuchtturm der Solidarität | INKOTA-netzwerk e.V.
69 Le Monde diplomatique, 22.1.2002; Ludo de Witte 2001
70 Peck (2000)
71 en.wikipedia.org/wiki/Patrice_Lumumba
72 Van Reybrouck, S. 345
73 19. Juli 1960, Patrice Lumumba, »Nationale Radioansprache«. blackpast.org
74 Ziegler (2009), S. 139
75 Zitiert nach Peck (2000)
76 Zitiert nach Van Reybrouck, S. 354
77 Aus einem Interview mit einem *France Soir*«-Korrespondenten, 22.7.1960 (vgl. atlascorps.org/patrice-lumumba-1925-1961)
78 Meredith, S. 104
79 Kalb (1981)
80 Devlin (2007)
81 Hoyt, S. 158
82 Legum, S. XV
83 Govender, S. 137
84 Legum, S. XVI
85 Legum S. XV
86 en.wikipedia.org/wiki/Patrice_Lumumba
87 Ebd.
88 Zitiert nach Peck (2000)
89 en.wikipedia.org/wiki/Patrice_Lumumba
90 Scholl-Latour (2001), S. 247
91 Neues Deutschland, 15.2.1961
92 Scholl-Latour S. 40
93 www.peter-hacks-gesellschaft.de/gedichte/95-in-erinnerung-an-die-ermordung-von-patrice-lumumba.html
94 Rückmann, S. 169
95 Der Spiegel, 30/1966
96 Deutsche Welle, 19.6.2022
97 Wiedergabe auf Basis der Übers.: http://bc-club.blogspot.com/2006/07/lumumba-oder-der-sieg-der-besiegten.html
98 Deutsche Welle, 19.6.2022
99 www.glanzundelend.de/Artikel/artikelalt/cheredeuno.htm
100 https://de.wikipedia.org/wiki/Simba-Rebellion
101 www.glanzundelend.de/Artikel/artikelalt/cheredeuno.htm
102 www.infopartisan.net/archive/1967/266738.html

103 Taibo II u. a. (1996), S. 11
104 Scheer, S. 78
105 Taibo II (2007), S. 442
106 Scheer, S. 80
107 www.francetvinfo.fr: DRC: 50 Ans avant Che Guevara
108 Scheer, S. 80
109 Aleida Guevara March, in: Che Guevara (2000), S. 9-18
110 vorangegangene Zitate: Taibo II u. a. (1996), S. 231 ff.
111 Jean Ziegler in: Mbolela (2015)
112 Aimée Césaire (1966)
113 en.wikipedia.org/wiki/Patrice_Lumumba
114 www.welthungerhilfe.de/welternaehrung/rubriken/entwicklungspolitik-agenda-2030/warum-china-fuer-afrika-ein-unverzichtbarer-partner-ist
115 https://web.de/magazine/wirtschaft/china-grossmacht-afrika-zahlen-sprechen-deutliche-sprache-38401548
116 Die Welt, 30.5.1997
117 The Guardian, 26.5.2012
118 Der Kampfgeist von Patrice Lumumba …, in: Jacobin, a. a. O.
119 https://utopia.de/greta-thunberg-zitate-128025/
120 www.welthungerhilfe.de/informieren/themen/klimawandel/wie-die-klimakrise-zu-hunger-fuehrt
121 Food and Agricature Organisation, Nikkei Asia, in: FAZ, 20.8.2022

Literatur

Andrea Böhm: Gott und die Krokodile – Eine Reise durch den Kongo. Pantheon Verlag, München 2011

Mathieu Kirongozi Bometa: Patrice-Émery Lumumba. Du nationalisme virtuel à l'humanisme patriotique. Harmattan, Paris 2020

Patrick Breuer: Patrice Lumumba – Herz Afrikas: Eine Geschichte über den Kongo und die Gewinnung seiner Unabhängigkeit. Sprakensehl 2012

Aimé Césaire: Im Kongo. Ein Stück über Patrice Lumumba. Mit einem Essay von Jean Paul Sartre. Übertragen von Monika Kind. Quarthefte, Verlag Klaus Wagenbach, Berlin 1966.

Joseph Conrad: Herz der Finsternis. In: Erzählungen I. Leipzig und Weimar 1982

Larry Devlin: Chief of Station, Congo: A Memoir of 1960-67. New York 2007
Frantz Fanon (1966), Die Verdammten dieser Erde. Vorwort von Jean-Paul Sartre, Frankfurt/M.
Robert Govender: Das Martyrium von Patrice Lumumba. London 1971
Ernesto Che Guevara: Der afrikanische Traum. Das wieder aufgefundene Tagebuch vom revolutionären Kampf im Kongo. Köln 2000
Volker Hermsdorf: Fidel Castro. Kön 2018
Eric Hobsbawm (1998), Das Zeitalter der Extreme – Weltgeschichte des 20. Jahrhunderts, München
Adam Hochschild: Schatten über dem Kongo. Die Geschichte eines der großen, fast vergessenen Menschheitsverbrechen. Stuttgart 2000
Michael P. Hoyt (2000): Capture in the Congo. A Consul's Return to the Heart of Darkness. Annapolis)
Madeleine G. Kalb: The Congo Cables: The Cold War in Africa – from Eisenhower to Kennedy. New York 1981
Colin Legum: Vorwort in Lumumba: Congo. My Country
Nicholas Vachel Lindsay: The Congo, and other poems. Hamburg 2011
Heinrich Loth: Propheten-Partisanen-Präsidenten. Berlin/DDR, 1973
Patrice Lumumba: Congo. My Country, New York 1962, 3. Aufl. 1969
Emmanuel Mbolela: Mein Weg vom Kongo nach Europa. Zwischen Widerstand, Flucht und Exil. Mit einem Vorwort von Jean Ziegler. Wien 2015
Martin Meredith: The state of Africa: A History of Fifty Years of Independance, London 2005
Meyers Neues Lexikon (18 Bände), Leipzig 1973
Eduardo Mondlane: Kampf um Mozambique. Frankfurt/M. 1970
Gert v. Paczensky: Die Weißen kommen. Die wahre Geschichte des Kolonialismus.Hamburg 1970
Raoul Peck: Lumumba: Tod des Propheten (Lumumba: La mort du prophète). Dokumentarfilm 1991
Raoul Peck: Lumumba. Spielfilm 2000
David Van Reybrouck: Kongo. Eine Geschichte. Berlin 2012
Kurt Rückmann: Schlagzeile Mord. Fälle, die die Welt erregten. Berlin/DDR 1964
Jean-Paul Sartre. Kolonialismus und Neokolonialismus. Sieben Essays. Reinbek 1968

André Scheer: Che Guevara. Köln 2019
Peter Scholl-Latour: Im Fadenkreuz der Mächte. Gespenster am Balkan. München 1974
Peter Scholl-Latour: Afrikanische Totenklage. Der Ausverkauf des Schwarzen Kontinents. München 2001
Gerd Schumann: Kolonialismus, Neokolonialismus, Rekolonisierung. 2. Aufl., Köln 2014
Gerd Schumann: Kaiserstraße. Der deutsche Kolonialismus und seine Geschichte. Köln 2021
Sonderegger, Arno: Afrika und die Welt: Betrachtungen zur Globalgeschichte Afrikas in der Neuzeit. Band 10867 der Schriftenreihe der Bundeszentrale für politische Bildung, Bonn 2023
Winfried Speitkamp: Kleine Geschichte Afrikas, Bonn 2007
Ludo de Witte: Regierungsauftrag Mord. Der Tod Lumumbas und die Kongo-Krise. Leipzig 2001
Paco Ignacio Taibo II: Che. Die Biographie Ernesto Guevaras. Hamburg, 2007
Paco Ignacio Taibo II / Froilan Escobar / Felix Guerra: Das Jahr, in dem wir nirgendwo waren. Ernesto Che Guevara und die afrikanische Guerilla. Berlin 1996
Éric Vuillard: Kongo. Berlin 2018
Jean Zieglier: Das Gold von Maniema. München 1996
Jean Ziegler: Das Imperium der Schande, München 2005
Jean Ziegler, Der Hass auf den Westen, München 2008
Jean Ziegler: Wir lassen sie verhungern – Die Massenvernichtung in der Dritten Welt, München 2012
Jean Ziegler: Änder' die Welt. München 2016